岩波現代文庫

振仮名《ふりがな》の歴史《れきし》

今野真二

Shinji Konno

文芸 318

JN053472

岩波書店

目　次

はじめに

雪だるまの歴史は語れるか？

本書には『振仮名《ふりがな》の歴史《れきし》』という題名を付けた。「振仮名の歴史」は助詞「ノ」によって「振仮名」と「歴史」とが結びつけられている。ここでは、本書を読む案内になるように、まずこの「振仮名」と「歴史」とをめぐっての、筆者の考え方を簡単に述べておきたい。順番が逆になるがまず「歴史」について述べてみよう。「歴史」を語るためには少なくとも四つの前提がありそうだ。

インターネットで、「〜の歴史」を検索してみると、「捕鯨の歴史」「バスケットボールの歴史」「オリンピックの歴史」「ワインの歴史」「有馬温泉の歴史」「下水道の歴史」「鉛筆の歴史」など、さまざまな「歴史」を書いた記事やサイトがヒットする。

これらにみられる「捕鯨」や「オリンピック」「下水道」などは、ある時に始まって、現在まで、あるいは現在より前のある時まで続いていた。つまりある程度の長さをもった時間幅、継続していたのであり、その「ある程度の時間継続していること」が「歴史」とよぶことができるための前提の一つといえよう。

昨日降った雪で昨日つくった雪だるまが、今日の快晴で跡形もなく融けてしまった時に、昨日から今日にかけての「雪だるまの歴史」とはいいにくい。いえないことはないだろうが、いいにくいと感じるのは、継続の時間が短すぎるからであろう。

オリンピックで金メダルを獲得した一四歳の選手が「今まで生きてきた中で一番幸せです」と話して話題になったことがかつてあったが、それは一四年間という時間幅が「今まで生きてきた」という表現とそぐわないと感じた人が多かったからであろう。高校生が「自分は昔こうだった」と話す時の「昔」に大人が感じる違和感も同じようなものと思われる。「歴史」というためには、一つの事柄や物の、相応の長さの継続が必要となる。

次に、「一つにくくることができる」ということも重要で、「バスケットボール」という一つの球技、「有馬温泉」という一つの温泉といった時の、その「一つの」が大事になる。「利根川の歴史」は語れそうでも、「川の歴史」といわれるとなにを語るのだろうと思ってしまうのは、一つにくくってはいても、「川」というくくり方が、あまりにも大きなくくり方であるために、結局はなにを一つにまとめてくくっているのかがわかりにくいためである。

そして第三に、「歴史」を語るということになれば、そこに「変化」があるということも前提となる。「変化」や「動き」のない事柄や物の「歴史」は語ることができない。

第四に、どのような観点から「歴史」を語るか、ということがある。AチームとBチームとが対戦しているスポーツの試合で、Aチーム側から説明するか、Bチーム側から説明するか、それとも観客側から説明するか、ということである。

このように整理してみると、『振仮名《ふりがな》の歴史《れきし》』という題名をもつ本書が成り立つためには、まず「振仮名」と一つにくくることができるものがあって、どこかに「振仮名」の始まり、起原があって、現在も「振仮名」はあるのだから、それが現在まで継続していて、しかもその間に「振仮名」がなんらかの意味合いにおいてかわった、ということになる。「振仮名」がどのようなものかは知ってるよという人でも、「振仮名の始まり、起原」や「振仮名の変化」となると、「なんだろう」ということにならないだろうか。本書ではそんな疑問にできるかぎり答えながら、「振仮名の歴史」を追いかけていきたい。「できるかぎり」とは、現在までの研究でわかっている範囲で、嘘《うそ》や曖昧《あいまい》な情報を交じえずに、誠実に正面から「振仮名」と取り組む、ということでもある。

さてそれでは、次に、その「振仮名」についてちょっと考えておこう。

「読み」と「振仮名」

次の傍線部分の読みを平仮名で記せ。

事実を歪曲して報告している。
古い資料を廃棄する。

いきなりテストをするわけではありません。答えは「わいきょく」「はいき」です。

このような漢字の問題に接したことが誰でもあると思う。ここでは「読みを平仮名で記せ」と問題文にあるが、「読みを平仮名で記せ」と「漢字に振仮名を付けろ」とは同じように感じられるのではないだろうか。

では「読み」と「振仮名」とは違うのか、同じなのか。この問題文が「次の傍線部分に平仮名で振仮名を付けろ」であっても、答えはかわらないだろう。そうすると「読み」と「振仮名」とはさほどかわらないことになる。

しかし、「読み」といった場合は、そこにすでに書かれている「漢字を読む」ということであって、漢字テストの場合は誰が書いたのかわからないが、問題に答えようとしている「私」は、「書き手」でなくて、あくまでも「読み手」であることになる。ある文字を「読む」というのは、「読む」対象となる文字はすでに書かれているということになる。もちろん自分が書いた文字を自分が読むということもあるが、「読む」ということには自分以外の人が書いたものを、ということが含意されることが少なくないと考える。つまり「読む」とは「読み手の立場」で、ということになる。「読み手の立場」は先に述べた「観点」の一つということになる。

日記に振仮名を付けるか

今は日記帳に日記を書くということは少なくなっているのだろうが、それでも文具売り場などで日記帳をみかけることがあるので、少ないにしても、手書きで日記をつけている人はいると思われる。

ここで二つのことを考えてみたい。他人には絶対にみせないことにしている自分の手書きの日記に振仮名を付ける人がいるだろうか、ということが一つ目に考えておきたいことだ。誰にもみせないことになっている日記の場合、「書き手」はもちろん自分だが、「読み手」も自分であることになる。自分が書いているのだから、読めない箇所＝文字はないはずで、他人が読む可能性がないのであれば、他人のために振仮名を付ける必要はないことになる。つまり、自分しか読まない日記には振仮名は付いていないはずだ。

今は「自分しか読まない日記」を例にして考えを進めてみたが、鍵《かぎ》となるのは「日記」ではなくて「自分しか読まない」ということの方で、振仮名を付けることは結局、「(自分以外の)読み手」が想定されているということになる。

次に考えておきたいのは「書く」という方向から考えるとどうなるのか、である。「文」を書いている「私」がいて、その「私」が「文」を組み立てる「語」を選んで、それを仮名で書こうか、漢字で書こうか考えて、漢字で書きたいけど、ちょっとこの漢字は想定している読者にはむずかしいなあと思った時、あるいは漢字で書きたいけど、「ちょっとかわった書き方」がしたいなあと思った時、振仮名を付けるという、そんな「手順」が想定されるのではないだろうか。

太宰治『人間失格』の自筆原稿を例として

ではその手順を具体的に確認してみよう。太宰治の『人間失格』に「自分は、それを堀木ごとき者に指摘せられ、屈辱に似た苦《にが》さを感ずると共に、……」という箇所がある。この箇所を自筆原稿(『直筆で読む「人間失格」』二〇〇八年、集英社新書ヴィジュアル版、原稿一二六枚目)でみると、初め「堀木如き」と書いてから「如」を消して「ごと」と平仮名書きに改めていることがわかる。「如き」をやめて「ごとき」にしているのだから、この箇所では語の選択はかえなかったが、書き方をかえたことになる。「如《ごと》き」と振仮名を付けることもできたが、このやり方は選ばれなかったことになる。

また自筆原稿では、「屈辱に似た痛み□□苦《にが》みを感ずると共に」(□□はこの写真版では判読できないが、原稿用紙二枡《ます》分に字が書かれている)とある「痛み□□」を消し、さらに「苦《にが》み」を「苦《にが》さ」にかえて、最終的に最初に引用したようなかたちになっており、この箇所では語の選択がずいぶんとかえられていることがわかる。また最終的に残された「苦《にが》さ」には振仮名が付いているが、この振仮名は最初に「苦み」と書いた時点で「苦《にが》み」と振仮名を付けて書かれていたのか、それとも最初は「苦み」で、語の選択をかえた時に「苦《にが》さ」と振仮名を付けたのか、これはわからない。

『人間失格』は雑誌『展望』の昭和二三(一九四八)年六月に第一回が発表されている。原稿全体をみわたしてみると、振仮名はあまり付けられていない。ここで「苦さ」に振仮名を付けたのは、「クルシサ」と読まれることを避けるためだったのであろう。現在では、「クルシサ」であれば「苦しさ」と、「ニガサ」であれば「苦さ」と書くのがいわば「決まり」であるから、「苦さ」は振仮名を付けなくても「ニガサ」であるが、送り仮名がそこまで厳密に付けられていない時には、区別がつかないか、少なくとも迷うことになる。

『人間失格』の別の箇所には「どこをどう彷徨《うろつき》まはつてたんだい」(原稿二九七枚目)、「さうして自分たちは、やがて結婚して、それに依つて得た歓楽《よろこび》は、必ずしも大きくはありませんでしたが、その後に来た悲哀《かなしみ》は、凄惨と言つても足りないくらゐ、実に想像を絶して、大きくやつて来ました」(原稿三〇七~三〇八枚目)とある。ここでは太宰治は「ヨロコビ」「カナシミ」を「喜び」「悲しみ」といわば平凡に書かないで、

「歓楽」「悲哀」という漢字を使って書きたかった。しかしただそう書いたのでは「カンラク」「ヒアイ」という漢語を書いたと「読み手」に思われてしまう可能性がたかいので、自分は「ヨロコビ」「カナシミ」という語を書いたのだということを示すために振仮名を付けていると思われる。

ここで振仮名を付けているのは書き手＝太宰治であるが、なぜ振仮名を付けるかというと、自分が「ちょっとかわった書き方」をしたためであることになる。「ちょっとかわった書き方」をしても、「読み手」に「書き手」の意図が正確に伝わるために振仮名が「貢献」していることになる。

こう考えてくると、「読み手」の立場から振仮名をとらえることもできるし、「書き手」の立場から振仮名をとらえることもできる。つまり振仮名は単なる「読み」にとどまらない面をもっていることになる。

「振仮名の歴史」探訪の旅

テレビの連続ドラマでは各回の終わりに次回の予告編が付いている。予告編があまり長いと次回をみる必要がなくなってしまうが、あまり短いとなにがなんだかわからない。最近は思わせぶりな、なんだかよくわからない予告編も多いような気がするが、ここではほどほどに本書の構成などについて述べておくことにする。

筆者は「振仮名の歴史探訪の旅」というツアーのガイド、水先案内人のつもりで本書を書いた。ツアーのガイドさんは具体的な説明をいろいろとしてくれる。本書では多くの図版を使いながら、さまざまな時期の振仮名をできるだけ具体的に実感してもらえるように心がけた。ガイドさんは、自分の感想をぺらぺらしゃべったりはしない。編集担当の方からは「もっと自分の考えをいってくださいよ。なにかあるでしょ」と促された。

もちろん思うことはあり、そうしたものを書いたところも少しはあるが、全体としてみればやはり抑え気味ということになるだろう。いい景色は静かにじっくりとみたいものだ。振仮名がおもしろいものであることは筆者にとっては間違いのないことなので、そのおもしろさを読者のみなさんがじっくりと味わってほしい。そういう気持ちで「振仮名の歴史探訪の旅」をスタートしていただければと思う。

また「振仮名の歴史」は「日本語の歴史」という、さらに大きな歴史の中に組みこまれることになる。「振仮名の歴史探訪の旅」は「日本語の歴史探訪の旅」でもある。

本書のところどころには、その時々の日本語がどうであったか、ということや、さらにはその時々の文化状況などについても述べてあるが、それはこのツアーに必要な寄り道であり、オプショナル・ツアーと思っていただければ幸いです。

歴史であるので、「振仮名の起原」から始めて現在まで、時間軸に沿って述べていくのが一番自然であるが、本書ではまず第一章「振仮名とはなにか」で、現代の振仮名を素材として、振仮名をどのようにみればいいのかについての整理を試みた。現在ある、さまざまな振仮名を整理することによって、足ならししておいてほしいからだ。第二章は「平安時代から室町時代までの振仮名」、第三章は「江戸期の振仮名」、第四章が「明治期の振仮名」で、第二章以下は時間の経過を追っていくことになる。

このツアーのために参照した文献の表記は、平仮名・片仮名は現行字体に統一し、漢字字体は原文のままにした。ただし、筆者が電子媒体上で資料を文字化するに際して、原文の字体と現行字体との差が微少で、現行字体に包摂しても差し支えないと判断した幾つかの字体に関しては、筆者の判断で現行字体に置き換えた。

筆者は、当初振仮名は「読み」として発生したが、次第に「表現」としても使われるようになり、そうした意味合いにおいて、振仮名の機能が拡張されたと考えている。

振仮名の機能拡張には、日本語と中国語との接触による漢語の借用が背景にあると考える。そのあたりがうまく書けているとよいがどうだろうか。

「歴史」といえば「過去・現在・未来」ということばが思い浮かぶ。現在は過去と未来との結節点でもある。「過去」をしっかりとみて楽しみ、それを「未来」にきちんとわたすことも「現在」の役割であろう。「振仮名の歴史探訪の旅」は振仮名を過去の遺物として骨董《こっとう》のように鑑賞することではない。現在と過去とを自由に行き来する旅でありたい。そして、それが「歴史の旅」の醍醐味《だいごみ》ではないだろうか。

第一章　振仮名とはなにか

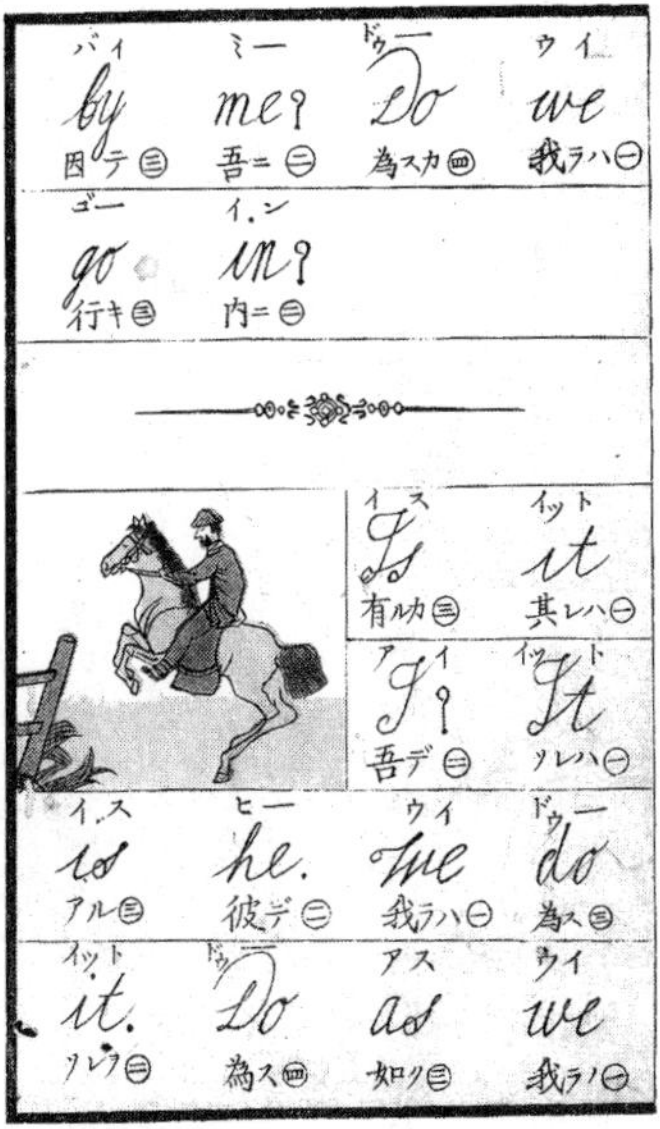

『英学蒙求』明治 4(1871)年刊

英文の下に日本語の訳語が，㊀㊁㊂と訳す順番を付けておかれている．第 4 節で触れる「ルビ訳」のさきがけともいえる．

「振仮名の歴史探訪の旅」に出発する前に、第一章で現代の振仮名をみてみよう。新聞や雑誌で振仮名をみかけることは少なくなってしまったが、現代にもさまざまな振仮名が存在し、それは多彩に使われている。本章で振仮名の見方や振仮名をどのようにとらえればよいのかについて、具体例を使いながら整理し、いわば「足ならし」をしてから、歴史探訪の旅に出かけることにしよう。それではサザンオールスターズの歌詞からみてみましょうか。

第一節　サザンオールスターズの歌詞にみられる振仮名

夏のルージュで描いた合図《サイン》
手の掌《ひら》に……
欲望に負けそうな　嗚呼　夜もある

濃《こま》やかなMoon Light
頬に浴びて囁《ささや》く誘惑のMid-Night
今宵天使も濡れている

愛がスローに満ちたワイン
酔わせて……

噂になりそうな　嗚呼　恋の味

匂艶《にじいろ》のGood Time
君を抱いて搦《から》めた情熱のNight Time
夢の瞬間《とき》は逃げてゆく

サザンオールスターズの「MOON LIGHT LOVER」の歌詞カードに書かれている歌詞の一部をあげた。ここでは、文字として漢字、平仮名・片仮名、アルファベットが使われている。このように複数の種類の文字を使って日本語を書くことは、現在ではごく当たり前のことで、特にかわった書き方ということでもない。この、複数の文字を使っていることが振仮名とふかくかかわっている。このことについては徐々に、しかし繰り返し述べていきたい。

歌詞カードはなんのために？

考えてみると歌詞カードというものは不思議なものともいえる。昔であればレコードに、今であればCDに付いている歌詞カードは、もちろん歌詞を知るためのものということになる。曲を聴いていても、なんと歌っているかよくわからないことはあり、そういう時に歌詞カードをみると、ああ、こう歌っていたのかとわかる。桑田佳祐の歌い方からすると、サザンオールスターズは歌詞カードの必要性がたかいアーティストかもしれない。

歌手がなんと歌っているかを示すだけが目的であれば、歌詞カードは全部片仮名で、たとえば「ナツノ　ルージュデ　カイタ　サイン」と書いてあってもよいはずであるが、そんな歌詞カードはみたことがない。そうなると、歌詞カードは歌詞を示すだけが目的なのではないことになる。いや、そうではなくて、声に出した音だけが歌詞なのではなくて、右にあげたように、文字化された状態まで含めて歌詞なのだ、と考えればよいのかもしれない。歌詞は単なる歌の文句ではなくて、現代詩と同じような「作品」なのだと考えればよい。あるいは楽曲と文字化された歌詞とが一体化したものが曲であるということかもしれない。

さまざまな書き方が許されている日本語

曲を聴けば「コマヤカナ　ムーンライト」という歌詞であることはわかる。その「コマヤカナ」を「細やかな」ではなくて「濃やかな」と書きたい、「ムーンライト」は片仮名ではなくて、アルファベットで「Moon Light」と書きたかったということになる。

一方「ルージュ」は「rouge」ではなくて「ルージュ」と書きたくて、「サイン」は「サイン」でも「sign」でもなくて「合図《サイン》」と書きたかった、ということになる。さきに、歌詞が漢字、平仮名・片仮名、アルファベットを使って書かれていると書いたが、一つの語に関しても同じようなことがいえる。

たとえば「アイドル」という外来語は、片仮名で書くこともできるし、平仮名で「あいどる」と書くこともできる。普通はそうは書かないけれども、漢字を使って「阿伊度留」と書くこともできるし、「偶像《アイドル》」と書くこともできる。もちろんアルファベットで「aidoru」と書くこともできる。

つまり日本語には、こう書かなければいけないという、書き方に関しての「根本的な決まり」がないことになる。この「根本的な決まり」を「正書法(orthography)」とよぶことにすると、「日本語には正書法がない」ことになる。

外来語「アイドル」を英語で書く時には、書き方は「idol」一通りしかなく、これ以外の書き方は誤りとみなされ、許されていないことと比べると、日本語においては書き方が一種類ではないことがよくわかる。一種類ではないということは選択肢があるということでもある。

漢字で書きたい!

漢字はもともとは中国語を書きあらわすための文字だった。日本語は、日本語を書きあらわすための専用の文字を当初もっていなかったので、その頃接触していた高度な文化、すなわち中国文化において使用されていた文字である漢字を借用することになった。

その後比較的短い時間経過のうちに、日本語を書きあらわすための専用の文字である仮名(平仮名・片仮名)を生みだすことになったが、仮名を獲得した時点で、借り物である漢字を一切使用しないという「道」はあった。しかし、仮名獲得後に書かれた文献が仮名のみで書かれているわけではないし、現在わたしたちは漢字を使って日本語を書いている。つまり漢字を捨てることはしなかったことになる。

「捨てることをしなかった」のは、仮名を獲得するまでに、漢字を使って日本語を書くという経験がある程度まで蓄積されていたので、「もはや捨てることができなかった」と考えることもできる。そうした面も当然ある、と考えるのが自然だが、むしろ「捨てるにしのびなかった」、もっといえば「捨てたくなかった」のではないか。つまりいろいろな意味合いで、「漢字で書きたい！」という欲求が強く根付いていたのではないだろうか。この「漢字で書きたい！」ということが、振仮名を考える場合の鍵の一つになる。

「サイン」という外来語を片仮名で「サイン」と書けば振仮名は必要ない。外来語をわざわざ漢字で「合図」と書くからそこに振仮名が必要になる。漢字で書くということと、さらにいえば漢字という文字そのものと、振仮名とはふかく結びついている。

二つの言語

漢字は元来中国語を書きあらわすための文字であったので、漢字で書くことと中国語とは切り離すことができない。中国語と不可分である漢字を使って日本語を書くということになると、漢字をめぐって、中国語と日本語という二つの言語がかかわることになる。この「二つの言語」ということも振仮名を考える場合の鍵の一つになる。

サザンオールスターズの「匂艶《にじいろ》 THE NIGHT CLUB」には「匂う女の舞うトルバド《troubadours》ール」という歌詞がある。ここでは「troubadours《トルバドール》」という通常のやり方ではなく、フランス語「troubadours」をまず片仮名で「トルバドール」と書いてから、それにアルファベットで「振仮名」を付けている。ここには、フランス語と日本語という「二つの言語」が存在していて、フランス語を書くのに通常使用されているアルファベットと、日本語を書くのに使用される片仮名との二種類の文字が組みあわされ、並立するかたちで使われている。

日本語以外の言語をなんらかの必要があって、日本語の中に入れて、それを文字化する場合、日本語では文字としては仮名(平仮名・片仮名)と漢字とを使っているのだから、文字の側からいえば、仮名で書くか、漢字で書くかという選択肢があることになる。その他にもともとその日本語以外の言語を書くために使われていた文字を使って書く、という選択肢もあり、さきに掲げた歌詞にはそのすべてが揃《そろ》っている。

読みとしての振仮名

さきに掲げた歌詞の中にある「夏」や「夢」には振仮名が付いていない。

平成四年度から使用されている、文部科学省の『小学校学習指導要領』の付録、「学年別漢字配当表」(全一〇〇六字)によれば、「夏」は小学校二年生、「夢」は小学校五年生に配当されている。したがって、現在であれば、小学校六年生以上になれば、これらの漢字に振仮名は必要がないことになる。このことをあえて少しいかめしく表現すれば、現在おこなわれている学校教育によって、「ナツ」「ユメ」という日本語と「夏」「夢」という漢字との結びつきが「保証」されているから振仮名が必要ない、ということができる。

「山」という漢字は小学校一年生に配当されている。したがって、漢字「山」に振仮名が付けられることはおそらくめったにないであろう。それは日本語「ヤマ」と漢字「山」との結びつきがひろくみとめられ、安定しているためだ。『万葉集』においても、歌を書いた箇所に「山」と書かれていればそれはほぼ例外なく日本語「ヤマ」を書きあらわしている。日本語「ヤマ」は『万葉集』の時代からずっと漢字「山」によって書かれてきた。だから振仮名は必要がない。

このことを逆側からみてみよう。日本語Xを書くのに漢字Yを使ったとして、XとYとの結びつきがひろくみとめられていなければ、いいかえれば両者の結びつきが安定していなければ、読み手は漢字Yをみてすぐに日本語Xを書いたものだとわからない。サザンオールスターズのファンであればわかるだろうが、「匂艶」(Y)をみても、これが「ニジイロ」(X)という語を書いたものだとは普通はわからない。

したがって、このように、漢字Yと日本語Xとの結びつきがつよくない場合には、漢字Yが日本語Xを書いたものであることを読み手にわかってもらうためには振仮名を付ける必要が生じる。この場合の振仮名は「読みとしての振仮名」であることになる。「読み」は少し曖昧なところがあるので、漢字がどんな語を意図して書かれたものであるのか、その語形を明示しているのが「読みとしての振仮名」であると考えることにしたい。ここで「語形」ということばを使った。黒板に「運命」とだけ書かれていた場合、これはどんな「語」を書いたものか、実はわからないことになる。通常は「ウンメイ」という漢語を書いたものだと予想するだろうが、「サダメ」という和語を書いたものかもしれない。つまり(文脈を伴わない)「運命」は「語形」が定まっていない状態であることになる。平仮名や片仮名で、「うんめい」「ウンメイ」と書けば、その時点で語形は定まっていることになる。「語形」は「発音形」と考えてもよい。「運命」だけでは「読んでごらん」と言われた場合、「ウンメイ」と読んでもよいし、「サダメ」と読んでもよいことになる。幾つか読み方が考えられるということは、「語形」が定められないということでもある。以後本書ではこのような意味合いで「語形」ということばを使っていく。「語形」は振仮名を考えていくに際して必要なみかたになる。

「読みとしての振仮名」は当然、誰が読むかということ、つまり「読者層」と密接にかかわる。小学校低学年が読む可能性のある書籍やコミックス類には、使われている漢字すべてに振仮名が付けられている。たとえば集英社から出版されている『週刊少年ジャンプ』や『りぼん』では、すべての漢字に振仮名が付けられている。

常用漢字表による漢字使用制限

国語審議会の答申を受けて、内閣が平成二二(二〇一〇)年に告示した「常用漢字表」に載せられている二一三六字の漢字を、その表に登載されている「音訓」に基づいて使用することが現在では(結果的に)一般的になっている。この状態は、漢字使用に人為的な制限が加えられている状態とみることができるが、可否はともかくとして、常用漢字表に従っていれば、その漢字使用はいわば社会的にみとめられていることになる。

一方、常用漢字表を外れた漢字使用が、社会的にみとめられていないということではまったくないけれども、そうした漢字使用にはなんらかの「手当て」が必要で、その「手当て」の一つとして振仮名があるとみることができる。

さきの歌詞に「囁《ささや》く」とあるが、漢字「囁」は常用漢字表に載せられていない。漢字「搦」もやはり載せられていない。漢字「濃」は常用漢字表に載せられているが、「訓」として登載されているのは「こい」であって、「こまやか」は表外の訓ということとになる。現在は、このような場合に振仮名が付けられることがある。

表現としての振仮名

サザンオールスターズの「素敵な夢を叶えましょう」という曲の歌詞には「〝あるがままに《let it be》〟と歌えし偉人《ひと》がいて、時間《とき》は流れ永遠《とわ》の海へ運命《さだめ》は巡る」とあるが、「あるがまま」という平仮名にアルファベットで書かれた英語「let it be」が「振仮名」として付けられている。ここでは英語と日本語とが並立しているのであり、さきほどの「二つの言語」という例にもあたる。しかし、この箇所は「アルガママ」と歌われているのであって、「振仮名」の「let it be」はなくてもよいことになる。

そう考えると、この「let it be」という「振仮名」は、さきに述べた「読みとしての振仮名」つまり「語形を明示している振仮名」ではなくて、いわば「余剰」として置かれていることになり、「表現としての振仮名」ということになる。

「MOON LIGHT LOVER」では「ユメノトキ」が「夢の瞬間《とき》」と書かれている。「夢の時」と書けばおそらく振仮名は必要がない。しかし書き手は「ユメノトキ」の「トキ」を漢字で「瞬間」と書きたかった。この「書きたかった」は、その漢字を積極的に選んだということでもあり、つまり表現としてそう書きたかったということになる。しかし振仮名なしで「夢の瞬間」と書くと「ユメノシュンカン」と読み手に思われてしまうおそれがある。だから振仮名を付けて「夢の瞬間《とき》」とした。

これが一つの「道筋」であるが、ことはそう単純、単線的ではないだろう。わざわざ「トキ」を「瞬間」と書くということの背後には、「瞬間」と書かれる漢語「シュンカン」と日本語「トキ」とを重ねあわせ、漢字をめぐって、複線的な表現をつくりあげようという意志が働いていると思われる。本書ではこれを「表現としての振仮名」と名づけることにする。「時間《とき》」も「永遠《とわ》」も「運命《さだめ》」もみな、この「表現としての振仮名」にあたる。

第一節ではサザンオールスターズの歌詞を例にしながら、振仮名を考えていくにあたって、どのようなことがらが鍵になるかを整理してみた。第二節では、現代小説を例として振仮名についてさらに考えを進めてみよう。

第二節　現代の小説にみられる振仮名

ここでは次に掲げた小説をとりあげて、振仮名について考えてみたい。

中上健次『枯木《かれき》灘《なだ》』一九七七年五月　河出書房新社
大江健三郎『同時代ゲーム』一九七九年一一月　新潮社
村上　龍『コインロッカー・ベイビーズ 上・下』一九八〇年一〇月　講談社
井上ひさし『吉里吉里人』一九八一年八月　新潮社
丸谷才一『裏声で歌へ君が代』一九八二年八月　新潮社

振仮名がなくても日本語は書けるか?

実は『コインロッカー・ベイビーズ』には振仮名がほとんど付けられていない。上巻ではおそらく「眩暈《めまい》」(四頁)、「飯事《ままごと》」(七頁)、「転《うた》た寝」(一四頁)、「魚籠《びく》」「塗《まみ》れて」(一六頁)、「大鋸屑《おがくず》」(一八頁)、「戦《そよ》いでいる」(二一頁)、「栄螺《さざえ》と雲丹《うに》」(三九頁)、「牡蠣《かき》殻」(五五頁)、「鏬《ひび》割れたセメント」(八七頁)、「鬘《かつら》」(八八頁)、「嗄《しゃが》れ声」(一二五頁)、「嵌《は》めかえた」(一三三頁)、「掠《かす》れて」(一六九頁)、「流行《はや》る」(一七二頁)、「蜥蜴《とかげ》」(一七八頁)、「象嵌《ぞうがん》」(二〇三頁)、「齧《かじ》る」(二二七頁)、「顳顬《こめかみ》」「臑《すね》」(二五〇頁)がすべてで、二五七頁で二一箇所であるので、およそ一二頁に一つしか振仮名がみあたらないことになる。読んでいる時の印象は「振仮名がない」に限りなく近い。現在の新聞紙面にも振仮名はほとんどみられない。現代の日本語の表記は振仮名を使わずに、漢字、仮名(平仮名・片仮名)によって書くという「やり方」にたどりついているとみることができる。

たとえば、明治期には「瑞西《スウイス》」「地羅利《チロル》」「拿破里《ネープルス》」(ナポリ)「亞爾伯《アルプス》」などと漢字によって外国の地名などを書くことがあったが、これらはやはり振仮名が付いていないとわかりにくい。現在はこうした外国の地名などは片仮名のみで書くことが一般的であり、漢字で書かないのだから当然振仮名は使わない。

現代の側から振仮名の歴史を振り返る時には、このような「振仮名がなくても日本語は書くことができる」というところを起点にするのが、かえってよさそうである。ここを起点にした時は、「ではどのような場合に振仮名が付けられているか」に注意すればよい。『コインロッカー・ベイビーズ』の例をみると、「メマイ」や「オガクズ」などのように、わかりやすいいい方をすれば、「むずかしい漢字」を使って書かれている場合がほとんどである。

「むずかしい」は、「顳顬《こめかみ》」のように漢字自体がよく知られていない場合と、「戦《そよ》いでいる」のように、「ソヨグ」という語と漢字「戦」との結びつきがよく知られていない場合との二つの「むずかしい」がある。どちらにしても「むずかしい漢字」を使ったのだから、どんな語を書こうとしていたのかを振仮名が示しているのであり、結局はこうした振仮名は「読みとしての振仮名」にあたることになる。

振仮名として付けられた方言＝吉里吉里語

『吉里吉里人』の中では、「遅くとも江戸期以前に日本語から分れた一言語」（七五頁上段）と説明される、東北方言に似た「吉里吉里語」が使われており、煩瑣《はんさ》なまでにそれが振仮名として付けられている。第三章には吉里吉里語をマスターするための「練習問題」まであり、吉里吉里語が『吉里吉里人』において重要な位置を占めていることがわかる。

　ビッグショー《ベッグソー》言《つ》えば、ＮＨＫの看板番組だっちゃ。妾《わだす》も時々《とぎどぎ》、見る事《みっこと》、ある《あん》でした。妾《わだす》の見だなァ越路《こすづ》吹雪《ふんぶぎ》だべ、美空ひばり《めそらいばり》だべ、北島三郎《けたづまさぶろ》だべ、五木ひろし《えづぎへろす》だべ……。兎《とぬ》に角《かぐ》、一流《えづるー》の芸人《げーぬん》ばっかりス、この番組さ出られんのは。すっと、ちまり貴方《あんだ》の母様《かあちゃ》も一流の芸人なんだね。だども悪《わり》ィけっとも、名前ば聞いだ事《ごだ》ァないなあ。言う《つー》事《ごど》はオペラ《オケラ》歌手《かす》か何《なん》かで御座居《ごぜー》すか？（四五五頁下段）

外来語「ビッグショー」や「オペラ」、「越路吹雪」や「美空ひばり」といった人名にまで振仮名が付けられていて、これらの語の吉里吉里語での発音がわかるようになっている。これらは、「一般的な発音とは違った発音であることを示す振仮名」とみることができる。

しかし「妾《わだす》」については少し違う見方もできる。一人称「ワダス」は漢字を使わずに平仮名で「わだす」と書くこともできる。平仮名で書けば当然振仮名は必要がなくなる。「すっと」や「ちまり」はここでのやり方に従えば、「すると《すっと》」「つまり《ちまり》」と書くこともできるがそうは書かれていない。

つまり吉里吉里語を発音のままに仮名で書くことはできる。引用箇所には、そのように、吉里吉里語をそのまま仮名で書いてあるところと、そうはしていないところとがある。「そうはしていないところ」には、吉里吉里語を漢字で書いたために振仮名が必要になった箇所と、「ない《ねー》」のように仮名書きされるのが普通である語であっても、吉里吉里語を対照させて示すために、あえて一般的、標準的な語形を示し、振仮名として吉里吉里語を付けた箇所との二通りがある。

『吉里吉里人』では、「中央」と「地方」ということが作品の重要なテーマの一つになっていると思われるが、それを中央＝共通語⟷地方＝吉里吉里語というかたち、つまり「共通語《吉里吉里語》」というかたちで示したところに、この作品の秀逸さが表われていると考える。

井上ひさし「振仮名損得 勘定《ルビはそんかとくかをかんがえる》」

『吉里吉里人』を書いた井上ひさしは『私家版 日本語文法』（一九八一年、新潮社刊）も書いているが、中に「振仮名損得 勘定《ルビはそんかとくかをかんがえる》」という章がある。そこに井上ひさしの振仮名観が示されている。

そこでは本書が「おわりに」でとりあげている山本有三の「振仮名廃止論」が紹介されており、山本有三が振仮名を「黒い虫」とよんだことをふまえながら、井上ひさしは、「振り仮名がさかんになって行く動きと、一部の人たちのための知識や知的なたのしみが大勢の人びとのものになって行く動きとは完全に見合っているといってよいだろう。すなわち、知識や知的なたのしみは江戸後期から明治期にかけて振り仮名という名の、あの黒い虫によって世の中へひろがって行ったのである」「振り仮名は、つまり、漢字と仮名＝意味と音をつなぐ貴重な工夫なのだ。働き者の黒い虫たちにこれ以上、駆除剤を撒《ま》くと日本語はバラバラになってしまう。大衆化だの、合理化だのということばに浮かれていてはならないと思う」（一〇六〜一〇七頁）と述べている。

特殊な語形が振仮名になる

郁男は何度も何度も鉄斧《よき》や包丁を持って、路地の家から〝別荘〟の辺りにある義父の家へ、フサと秋幸を殺しにきた。（『枯木灘』一〇八頁）

年は十九で　虚無僧《こもんそ》なさる（同二一二頁）

徹が「ちょっと竹原の本家《ほんや》へ寄ってくれ」と言ったので秋幸は車を仁一郎の家の前で止めた。（同二一六頁）

承平四（九三四）年頃に成立していたと推定されている日本の古い辞書である『和《わ》

名類聚抄《みょうるいじゅ(う)しょう》』の「斧」という見出し項目に対して「音府和名乎能一云與岐（音《おん》フ、和《わ》名《みょう》ヲノ、一に云うヨキ）」という説明がつけられている。これによれば、漢字「斧」の「音」が「フ（府）」で、「和名」すなわち訓は「ヲノ（乎能）」または「ヨキ（與岐）」であったことがわかり、「ヨキ」は一〇世紀にはすでにあった語であることがわかる。現在では小さな斧などの意味で「ヨキ」という語形を使っている方言も少なからずみられ、『枯木灘』の例はそうした方言の例と思われるが、「ヨキ」が古語、方言いずれであるにしても現代の共通語ではない特殊な語形ということになり、そうした語形であることを示すためには振仮名が必要になる。

「虚無僧《こもんそ》」も特殊な語形を示している。漢字「本家」に振仮名がなければ、「ホンケ」と思うのが一般的であろうから、ここではそうではなくて、「ホンヤ」という語形であることを振仮名によって示している。こうした語はもしも漢字で書くのであれば、これらの例のように、その特殊な語形、たとえば方言形に対応する共通語形を書くのに一般的に使われている漢字で書いてから、その特殊な語形を振仮名として付ける、というやり方をとるしかないことになる。ここでは漢字が共通語形と特殊な語形とをつなぐはたらきをしていることになる。

漢字がつなぐ二つの語形

『枯木灘』には「木馬《きんま》」(九八頁)という例がみられる。振仮名「キンマ」は「キウマ／キムマ」→「キンマ」と変化した語と予想されるが、「キンマ」の語義は結局は〈木の馬〉(ただし『枯木灘』の例は具体的には、木材を搬出するソリ状の用具のこと)なのであり、漢字「木馬」はそれを表わしているといえばいいえる。

一方この漢字「木馬」は通常は「モクバ」=〈木で馬の形に作ったもの〉(『明鏡国語辞典』第二版、二〇一五年、大修館書店刊)を表わす漢字であり、漢字「木馬」を書いた瞬間に、その「裏」に漢語「モクバ」が透けてみえる。この透けてみえてしまった漢語「モクバ」の語義と振仮名として付けられた語「キンマ」の語義とが重なっている場合は、漢字によって振仮名と漢字の「裏」に潜む漢語とが結びつけられて、振仮名になっている語の語義の理解を助けていることになる。

また「キンマ」と「モクバ」とのように、振仮名になっている語と「裏」に透けてみえる漢語の語義とが異なる場合は、「違うということ」を振仮名が示していることになる。いずれにしても「表」に現われている振仮名が表わしている語形と、漢字の背後に潜んでいる漢語の語形との「二つの語形」を結びつける機能が漢字にあることには特に注目しておきたい。

いささか特殊ではあるが、象徴的ともいえ、またわかりやすい例についてもふれておこう。『裏声で歌へ君が代』には「静岡県に住む台湾人夫婦(と言っても国籍は日本)の息子」(九七頁)という設定の「林清禄」なる人物が登場する。この人物は「「林《はやし》でございます。どうぞよろしく」と挨拶し、名刺を出した」(九四頁)と描かれており、自分では日本人名として「ハヤシ」と名乗っている。

作品中でも「さうなんですか。リンさんがハヤシさんになつたわけですね」(九六頁)とあるように、同じ漢字を使用している台湾、中国と日本とでは、このようなことが起こりうる。これも漢字が「二つの語形」「二つの言語」をつないでいる例とみることができる。

片仮名書きされている語

『同時代ゲーム』には「張りボテ」(二〇七頁)、「ガランドー」(三二九頁)、「ウワゴト」(三九三頁)、「ブレている」(四〇〇頁)のように、外来語ではないのに片仮名書きされている語がみられる。これらの語はいわば漢字で書きにくい語であり、国語辞書をひいても、あてる漢字が記載されていないことが多い。これらの語をどうしても漢字を使って書きたいということになれば、たとえば「囈言《うわごと》」のように振仮名を付ける必要があるだろう。逆からみれば、同書にみられる「蕈《きのこ》」(三二四頁)などは「キノコ」のように片仮名で書くこともできる。

片仮名で書かれている「バネ」(八七頁)、「カラクリ」(二二二頁)、「ガラクタ」(三二七頁)はここでは漢字で書かれていない。しかし平仮名で書かれてもいない。これらは「漢字で書きたい！」という内圧が高まれば、あるいは「漢字で書きなさい！」という外圧が加われば「発条《ばね》」「機関《からくり》」「我楽多《がらくた》」と書かれる可能性がある。

音節を単位として表わすことのできる表音系文字である仮名(平仮名・片仮名)を使えばどんな語でも書きあらわすことができる。これを一方の極に置くと、反対側の極には表意系文字である漢字が位置する。この中間地点に両者を組みあわせた「漢字《ふりがな》」というかたちがある。

これを図式化すると、「仮名←→漢字《ふりがな》←→漢字」ということになる。「漢字で書く」という内圧、外圧がつよくなると「からくり／カラクリ」は「機関《からくり》」と書かれることになるが、逆に「仮名で書く」という圧力がつよくなると「機関《からくり》」は「からくり／カラクリ」と書かれることになる。さらに「アルファベットで書く」という要求がつよくなれば、それを「KARAKURI」と書くことになる。

かつての「稲毛屋」が「いなげや」と社名変更をし、「駿河銀行」が「スルガ銀行」、「津村順天堂」が「ツムラ」、「豊田紡織」が「トヨタ紡織」、「日本冷蔵」が「ニチレイ」、「能率風呂工業」が「ノーリツ」となっているのをみると、現在の日本では「漢字で書く」という圧力ではなくて、「仮名で書きたい」という欲求がつよいのではないかと思われる。埼玉県浦和市と大宮市、与野市とが合併して生まれたのは「さいたま市」であり、同じく東京都秋川市と五日市町の合併によって「あきる野市」が生まれた。千葉県にはいすみ市があり、福岡県にはみやま市がある。こうした平仮名書きの市が誕生したことは筆者にはちょっとした驚きであった。さらには、「飯山電機」が「イーヤマ(iiyama)」を経て「iiyama」になり、「伊奈製陶」が「ＩＮＡＸ」に、「東京電気化学工業」が「ＴＤＫ」に、「東洋陶器」が「東陶機器」を経て「ＴＯＴＯ」になっていることを考えると、「アルファベットで書きたい！」という要求も相当にある時代であると思われる。

第三節　コミックスにみられる振仮名

本節ではコミックスにみられる振仮名をとりあげることにする。コミックスはいうまでもなく、基本的には絵を中心とした表現媒体である。通常はいわゆる「ふきだし」のかたちで登場人物のことばが文字として示されている。加えて、登場人物が心中で考えていることや気持ちが文字として示されていることもある。つまり、コミックスは「絵＋文字」のかたちで表現をおこなっており、したがって、文字(のみ)によってつくられている小説等の文学作品とはあり方そのもの、「情報」提示のしかたそのものが異なることになる。絵がある分だけ、文字が担う情報量が少なくなっている。

文字の負担が軽いということは、通常の規則からの逸脱も許されやすいということでもある。「逸脱」と表現するとマイナスの評価になってしまうが、文字の自由度がたかくて文字のもっている潜在的な可能性が発揮されやすい、とみればプラスの評価となる。「ふきだし」中には句読点がほとんど使用されないが、それも「ふきだし」

は通常の書記ルールから解き放されているとみれば理解できる。コミックスの振仮名には小説などにはみられないおもしろいものがみられることがある。

以下ではコミックスの「ふきだし」をまとまった一つの文とみなして引用する。必要に応じて、とりあげたい「ふきだし」の前後をあわせて引用することもある。句読点は適宜補った。

注釈的な振仮名

まもる君は華子《はなこ》のママのお姉ちゃんの子供でちゅ。華子《はなこ》のいとこというそうでちゅ。

ちゅっごーくむかちゅくのはまもる君家《ち》がこの間ここの近くに家建てて華子ん家《ち》よりおじいちゃん家《ち》に近くなったことでちゅ。華子よりいっぱいおじいちゃんに会えるんでちゅ。（一四三頁）

大熊座はでちゅね。ジェウチュ《（ゼゥス）》が好《ちゅ》きだった妖精《ようちぇい》カリチュ《（ス）》トがおこったジェウチュの奥ちゃんヘラに魔法かけられて熊ちゃんになっちゃったのでちゅ。ちょちて、カリチュトの子供アルカチュ《（ス）》も小熊ちゃんにちゃれたのでちゅ。（一六三頁）

いずれも山下和美『天才 柳沢教授の生活』第一六巻(二〇〇〇年、講談社刊)から引いた。「華子」は柳沢教授の孫娘で、このようなことばを話す、まだ幼い子供として描かれている。振仮名がなく「好きだった妖精」とあれば、読み手は必ず「スキダッタヨウセイ」と読む。ここでは「でちゅ」というような幼い子供が「チュキダッタヨウチェイ」と発音していたことを振仮名によって示したことになる。

一方、ギリシア神話の最高神であるゼウス(Zeus)は「華子」の発音通りに「ジェウチュ」と書かれ、しかし「ジェウチュ」がなんのことか読者にわからないといけないので、「ゼウス」を丸括弧に入れて振仮名としている。丸括弧はこれが一般的な振仮名ではなくて、注釈的な、特殊な振仮名であることを示していると思われる。「妖《よう》精《ちぇい》」は、「妖精」と書いてあるものを「ヨウチェイ」と読め、発音せよということであるが、ここでは「ジェウチュ」と書いてあるものを「ゼウス」と読めという指示ではないことになる。「カリチュ《(ス)》ト」「アルカチュ《(ス)》」も、これらが「カリスト」「アルカス」であることを示している注釈的な振仮名といえる。注釈的な振仮名は書かれている語の読み＝発音を示しているわけではない。

固有名詞と振仮名

「華子」はさほど読みにくいわけではないだろうが、「ハナコ」という振仮名が付けられている。他に「石神井武《しゃくじいたけし》とプライベートレッスン!!」(七頁)、「柳沢《やなぎさわ》教授何か勘違いしてない？」(八頁)、「堤耕平《こうへい》は作家であり仏文学の教授であり私《わたくし》の恩師の一人であった」(五四頁)、「それ世津子《せつこ》が乗ってたのじゃない」(八二頁)、「八百《やお》政《まさ》のおじさんがT川の橋渡ってたらお父さんが自転車こいでるの発見したのよ」(一〇四頁)、「彼女の名前は立石弓子《たていしゆみこ》。旧姓・小平《こだいら》。私《わたくし》の小学校の同級生であった」(一〇八頁)などという例もある。

これらは人名、商店名といった固有名詞であるところが共通している。固有名詞はその「個体」を他の同類の「個体」から区別する必要から付けられていると考えることができ、はっきりと区別するためにははっきりとした読み＝発音形を示さなければならない。たとえば漢字で「神戸」と書く地名であっても、それが「コウベ」(兵庫県神戸市)なのか、「ゴウド」(岐阜県安八郡神戸町)なのか、「カンベ」(千葉県館山市)なのか、「カンド」(鳥取県鳥取市)なのか、といった発音形が、漢字で書かれたかたちよりも重要である。

高野文子『黄色い本　ジャック・チボーという名の友人』(二〇〇二年、講談社刊)に「実《み》ッつぁん降りる」(九頁)、「たらいまー。留《る》ーちゃん」(一一頁)とある。この「実《み》ッつぁん」は「田家実地子《たいみちこ》」(六頁)のことであるが、こうしたあだ名も、呼び方、つまり発音形が重要になる。同書に収められた『マヨネーズ』という作品には「スネウチさん人の椅子に足のせないでくださいっ」(一〇〇頁)とある。この「スネウチさん」は最後まで「スネウチさん」で、「ふきだし」の中では、漢字はついに示されないまま作品が終わる。現実には片仮名表記された「スネウチ」という姓はないだろうから、これは現実にどう書かれるかよりも発音形を示すことに徹したともいえる。

ここからさらに考えれば、この「スネウチ」という音の連続が作者にとって大事であったのではないか、とか、片仮名表記することによってわざと現実感を稀薄《きはく》にした、とか、いろいろなことが想像されるが、それはそれとしておこう。

また、たとえば「拗内《すねうち》」と漢字に振仮名を付けて書くこともできたし、一つの音に一つの漢字をあてて「万葉仮名」風に「須根宇地」と書くこともできたが、そうはしないで「スネウチ」としたことには注意しておきたい。日本語の表記においては、ある語の発音を示しながら書く書き方としては、仮名で書く、漢字を「万葉仮名」風に使って書く、漢字に振仮名を付ける、という少なくとも三つの書き方がある。

二つの読みをもつ漢字

お母さん違います。右ですが。
何故《なぜ》、私《わたくし》の言うことが聞けませんか?
(『天才　柳沢教授の生活』第一七巻、二〇〇一年、講談社刊、一八〜一九頁)

ここでは漢字「何故」「私」にそれぞれ「なぜ」「わたくし」と振仮名が付けられている。「では、何故《なにゆえ》今ここにいるのかね」(同一六巻、四九頁)があることから、漢字「何故」が、「ナゼ」と「ナニユエ」と、複数の語と対応をもっているために、どの語を意図して書いたものかがそのままではわからず、それをはっきりさせるために振仮名が付けられていることがわかる。それでもなお「なぜ」「なにゆえ」と平仮名で書かずに、漢字表記した上で、わざわざ振仮名を付けているところに「漢字で書きたい!」という欲求が表われている。

昭和五六(一九八一)年に告示された常用漢字表が漢字「私」の訓として掲げているのは「わたくし」のみであるので、同表に従えば漢字「私」は振仮名がなくても「ワタクシ」という語を書いたものということになる(現在の常用漢字表は「わたくし」「わたし」二つの訓を認めている)。むしろ「ワタシ」という語を書いた場合に「私《わたし》」と振仮名を付ける必要があることになるが、実際には一人称としては「ワタクシ」よりも「ワタシ」が一般的であるために、逆に「ワタクシ」の場合に振仮名が付けられていると思われる。

「二つの読みをもつ漢字」というと、常用漢字表において訓が複数掲げられているような漢字が思い浮かぶかもしれない。たとえば漢字「囲」には「かこむ」「かこう」という二つの訓が載せられているが、これらは「囲む」「囲う」と書くので、送り仮名によって「カコム」を書いたのか、「カコウ」を書いたのかがわかるようになっている。「縁」一字だけでは「エン」という語を書いたのか、「フチ」という語を書いたのかわからないが、実際の言語活動は「文」を基本単位として展開しているので、「文脈(context)」をつねにともなっており、漢字一字だけでなんらかの言語情報がやりとりされることはほとんどない。そう考えれば、「ワタシ」「ワタクシ」というような場合がむしろまれであることになる。

漢字以外の文字に振られた振仮名

夏休みが終わります。
赤い soda《ソーダ》 の夏休みが終わります。
（高野文子『絶対安全剃刀』一九八二年、白泉社刊、一九六頁）

文字の種類からみれば、ここでは「soda」というアルファベットに、片仮名で「ソーダ」と振仮名が付けられている。したがって、いうまでもないが、漢字のみに振仮名が付けられるのではない。

このような場合の「ソーダ」は「読みとしての振仮名」ということになる。「読み」は結局は「発音形」であるので、書かれた文字を日本語として読まなければ、日本語ではない振仮名もありうることになる。さきに掲げたサザンオールスターズの「トルバドール《troubadours》」は「soda《ソーダ》」をいわば逆にしており、「日本語ではない振仮名」をさらに進んでアルファベットで書いた例ということになる。したがって、振仮名としてハングルが付けられるということも原理的には考えられることになる。

また、「上海《しゃんはい》」「四《す》馬路《まぁろ》」(高野文子『おともだち』一九八三年、綺譚社刊、八頁)は、漢字に中国語を振仮名として付けたとみることができるが、これを逆にすれば、「シャン《上》ハイ《海》」となり、原理的には漢字が仮名に振られる振漢字もありうることになる。

今は「書かれた文字を読む」という方向で説明をしたが、「ある語をどう書くか」という方向から振仮名をとらえることも必要である。英語(オランダ語)のまま「soda」と書くこともできるし、片仮名で「ソーダ」と書くこともできる。また漢字で「曹達」と書くこともできるが、そうではなくて「soda《ソーダ》」と書いた。この場合は文字化された語がなにかを明示するために、つまり語形＝発音形を示すために振仮名を付けたことになる。

ここはどこ?

ここまでさまざまな振仮名をみてきたが、もう一つだけ例をあげておきたい。

調子に乗んじゃないわよ。

日本《ここ》じゃあね、ジーパンにアイロンかけて二〇年前のイベントTシャツ着てる奴なんか見向きもされないのよ。

（『天才 柳沢教授の生活』第一七巻、四二頁）

ペロペネア王国から日本に留学にきているマンベ王子に対して柳沢教授の娘の世津子がいうことばであるが、「日本《ここ》」とある。この場合は、「ニホンジャアネ」よりもやはり「ココジャアネ」の方が幾分か自然に思われる。そうだとすると、ここで使われた語＝選択された語は「ココ」で、それを漢字で「日本」と説明的に書いた、という順序が予想される。

この場合は、漢字「日本」がむしろ注釈的であることになる。「ココ」がどこであるかによって、たとえば「大学《ここ》」や「現実世界《ここ》」など、さまざまな書き方が生みだされる可能性がある。そして、どちらが「主＝選択された語」で、どちらが「従＝振仮名」かがはっきりしている場合ばかりとは限らない。次の例はどうだろうか。

ママの御主人今夜、ここ《お店》に来るんでしょ。

（いわしげ孝『上京花日』『ビッグコミック』二〇〇八年一〇月二五日号）

この例では「オミセニクルンデショ」も「ココニクルンデショ」も、どちらも不自然ではない。つまり、「主従」が微妙なことになる。「ココニクルンデショ」がこの場面ではふさわしいように感じるが、そうだとすると振仮名「お店」が注釈的振仮名ということになる。「主＝選択された語」と「従＝振仮名」との関係が微妙になるということは、「主従」が接近しているということであり、そうなると「主従」が逆転する場合もあることになる。

第四節　ルビ訳のいろいろ

語句説明としての振仮名

次は講談社から出版されている少年少女伝記文学館シリーズの第一三巻、三木卓『ファーブル』(一九八九年)の一節である。

ファーブルは、まわり道《みち》をしたのだろうか。たしかに三十近《ちか》くなって、人生《じんせい》の基《き》本方針《ほんほうしん》(大《おお》きな方向《ほうこう》)を決定《けってい》するというのは早《はや》いとはいえないが、しかしそのあいだ、かれは充実《じゅうじつ》(みちみちていること)した自然科学《しぜんかがく》(自然《しぜん》のありさまを研究《けんきゅう》する学問《がくもん》。物理学《ぶつりがく》・化学《かがく》・生物学《せいぶつがく》など)中心《ちゅうしん》の勉強《べんきょう》をつづけている。そこでつちかわれた(そだて、やしなわれた)ひろい基礎《きそ》が、かれをたんなる採集家《さいしゅうか》におわらせなかった。そして大《おお》きなみのりへとみちびいたのではなかったか。(九五頁)

学習参考書などでもよくみられる形式だが、これも振仮名の一種とみることができる。

この本のカバーの見返しに同シリーズの「特色」が書かれているが、そこに「読みやすい大きな活字を採用し、むずかしい言葉や風俗・習慣、専門用語などには、行の間に色刷りで説明を加えた」とある。括弧内が「説明」にあたる。

「色刷り」以外は再現してみた。通常の振仮名行に長い「説明」が置かれると、漢字の「読み」を示すための本来の振仮名を付けることができなくなる。そのために、たとえば漢字「自然科学」には、左側に「しぜんかがく」と振仮名が付けられている。

そして、「説明」の中の漢字にも振仮名が付けられている。そうすると、本文の右側に「説明」があり、左側に「読み」が振仮名として付けられていて、「説明」の中の漢字に振仮名が付いている箇所では、「本文行」「振仮名および説明行(右側)」「説明行中の振仮名」「振仮名行(左側)」と、四行がセットになっていることになる。ただしこれはやはり色刷りを使用するということが前提になるだろう。それにしても、現在の印刷物もさまざまな工夫を凝らしていることがわかる。

古典の現代語訳

「牛を売る者あり。買ふ人、明日《あす》その値《あたひ》をやりて牛をとらん《引取ろう》といふ。夜の間《ま》に牛死ぬ。買はん《〔こういう場合には〕》とする人に利《利益》あり。売らんとする人に損あり」と語る人あり。

新潮日本古典集成によって『徒然草』(木藤才蔵校注、一九七七年)第九三段の冒頭箇所をあげた。

この本の「凡例」には「本文の脇には、適宜色刷りで、現代語訳(現代かなづかい)を注記した。本文にない言葉を補った場合には〔　〕印を付した」とある。色刷りでないと区別がつかないが、引用箇所では「あす」「あたひ」「ま」が振仮名で、その他は「現代語訳」である。厳密にいえば、振仮名の行を使って、振仮名以外に「現代語訳」を示し、色刷りにすることによって両者を区別した、ということであるが、「現代語訳」が振仮名の役割りを帯びて付けられていることになる。

「現代語訳」とは現代日本語としての意味を示すことであり、振仮名は「読み」を示している。もしも、「現代語訳」を右側ではなく左側に振仮名のように付けて、右＝振仮名＝読み、左＝「現代語訳」＝意味、と左右両側を使うことにすれば、これは第二章でとりあげる、室町末期からみえはじめる左右両振仮名と同じ形式であることになる。

英語の日本語訳

少年少女向けに、むずかしい語句に振仮名のように説明を付けた本があり、古典文学作品に振仮名のように現代語訳を付けたものがあるとなると、やはり英語に日本語訳を付けたものは？　ということになるだろうが、そうしたものがやはり存在する。

筆者が大学に通うために乗っている電車で、ある日隣に座った人が英語の本を読んでいた。どうも行間になにか書かれているようにみえるが小さくてわからない。たまたまみえた表紙には「ルビ訳」とあったので、調べてみるとそのようなものがたしかにある。次に掲げるのは、「原作を短時間でスラスラ読める便利なルビ訳付」「辞書をひかずに原著が読める」と謳《うた》った、講談社インターナショナルから出版されている、その名も「RUBY BOOKS」シリーズの一冊『ホームズの名推理・ベスト5』（一九九八年）の中の『The Speckled Band』（『まだらの紐《ひも》』という邦題で知られている作品）の一節（一八八頁）である。

その左には「子どもから大人まで完訳決定版」と書かれた帯が付けられている偕成社版シャーロック＝ホームズ全集の日本語訳を添えておいた。

The object which had caught his eye was a small dog《犬用の》 lash《鞭》 hung on one corner of the bed. The lash, however, was curled upon itself, and tied so as to make《皮の部分が》 a loop《輪状になるように結ぶ》 of whipcord.

"What《どう思う》 do you make《理解する》 of that, Watson?"

ホームズの目にとまったのは、ベッドのすみにかけられていた、犬の訓練《くんれん》に使う小さなむちだった。ところが、そのむちは、ヘビがとぐろをまいたようなかたちにして、ゆわえてあった。むちなわ(むちなどに用いる強くよったひも)の輪《わ》といったかたちである。

「ワトスン、あれをどう思う?」

(『シャーロック=ホームズの冒険(下)』平賀悦子訳、一九八三年、一〇八頁)

「辞書をひかずに」がいいことか、そうでないかなどといった議論をしないで、ここは素直に便利な本だといっておきたい。ただ、確実に老眼になっている筆者ぐらいの年齢の人にとっては「ルビ訳」がちょっと小さいかもしれない。

さて、サザンオールスターズから始めて、小説、コミックス、ルビ訳と、ここまで現代の振仮名をみてきた。読者の方々がふだんあまり気にとめない、いろいろなところで振仮名が活躍していることがわかっていただけたのではないだろうか。そして、それら現代の振仮名をみながら、振仮名をどうとらえるかの整理も試みた。さて、

「足ならし」はだいたいよいでしょうか。いよいよ次章から「振仮名の歴史探訪の旅」が始まります。

「MOON LIGHT LOVER」
「匂艶《にじいろ》 THE NIGHT CLUB」
「素敵な夢を叶えましょう」
(作詞／桑田佳祐)

第二章　平安時代から室町時代までの振仮名

——読みとしての振仮名——

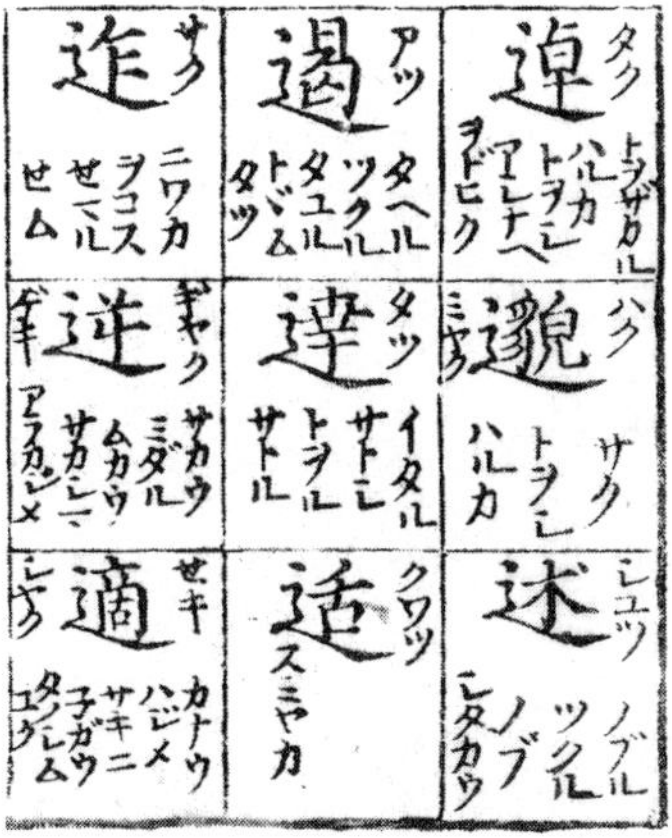

『倭玉篇』(部分)

室町時代に成立した漢和辞典.「達」(中央)には 4 つの和訓だけがみえる.(61 頁参照)

本章からはいよいよ「振仮名の歴史」を、平安時代から室町時代、江戸時代、明治時代と追いかけていくことにするが、本章ではまず平安時代、振仮名の起原から始めて、室町時代までの振仮名について考えておきたい。

第一節　振仮名の起原

『日本書紀』の振仮名

まずは、養老四(七二〇)年に成立したとされている『日本書紀』を例にとってみよう。

『日本書紀』は周知のようにいわゆる「漢文」で書かれている。「いわゆる」と表現したのは、ことがらの本質をはっきりさせるためには「漢文」と表現しないで、「(古典)中国語文」といった方がよいからだ。以下本書では、日本的な変形が(ほとんど)

みられない正式な「漢文」を「中国語文」とよぶことにするので、そのように頭を切りかえてください。

さてそうすると、「『日本書紀』は中国語文で書かれている」ということができる。この中国語文は誰が書いたのか、ということも知りたくなるが、森博達《ひろみち》『日本書紀の謎を解く――述作者は誰か』(一九九九年、中公新書)などの一連の研究によって、中国語を母語とする人物が書いたところと中国語を母語としない人物が書いたところとの両様があることがわかっている。

それはそれとして、中国語で書かれた『日本書紀』を、中国語がわからない人がなんとか理解するにはどうしたらよいだろうか。そこで、「漢文」を学ぶ際に現在も使われている「返《かえ》り点《てん》」や送り仮名、振仮名なども含めた「訓点《くんてん》」が使われるようになったと考えられている。実際の例をみてみよう。

『日本書紀』の推古天皇三年の記事を東洋文庫蔵岩崎本によって掲げた。原文＝漢文を上段に、下段に書き下し文を示した。記事は「推古三年の夏四月に、香木の沈香が淡路島に流れ着いた。その沈香の大きさは一抱えもあるものだった。島の人はそれが香木であることを知らないで、薪《たきぎ》に交じえて竈《かまど》でたいたところ、その煙が遠くまで薫った。それで珍しいものだということで献上した」という内容になっている。

三年夏四月沈水《チム》、漂《ヨレリ》二着於淡路嶋一。
其大一圍《イタキ》。
嶋人、不レ知二沈水一、以交《カテ、》レ薪焼《タク》二於竈一。
其烟気、遠薫《カヲル》。
則異《ケ》以獻之。

三年の夏四月《うづき》に、沈水《じん》、淡路嶋《あわじのしま》に漂着《よ》れり
其の大きさ一圍《ひといだき》
嶋人《しまびと》、沈水《じん》といふことを知らずして、薪《たきぎ》に交《か》てて竈《かまど》に焼《た》く
其の烟気《けぶり》、遠く薫る
則《すなわ》ち異《け》なりとして獻《たてまつ》る

岩崎本には、平安中期の訓点のほかに、もっと時代の下った院政期に加えられた訓点、さらに時代の下った室町期に加えられた訓点などもあって、岩崎本という一つのテキストに訓点がいわば「蓄積」されていることになるが、右の上段には院政期や室町期の訓点をも加えた原文(句読点は筆者が加えた)を示し、それに、確実に平安期のものとみとめられている振仮名のみを付した。下段にはその書き下し文を掲げた。

ここでは漢字「漂着」に「ヨレリ」と片仮名で振仮名が付けられているが、これは見方をかえれば「ヒョウチャク」という中国語＝漢語に「ヨレリ」という日本語が振仮名として配されているとみることもできる。したがってここでは中国語「ヒョウチャク」がこの文脈(context)において日本語「ヨレリ」と翻訳されていることにもなる。

振仮名というような大きな言語事象は、さまざまな事象がかかわりあって成り立つことが多いので、あまり単線的に考えることは避けなければならない。ここでは可能性の一つとして、このように中国語文に付けられた振仮名が、振仮名の起原の一翼を担った、と考えておくことにする。そう考えると、「中国語を日本語として読む」ということが振仮名発生の契機であったことになる。

第一章で述べたことがらをキー・ワードのように使って訓点が加えられた岩崎本『日本書紀』を説明してみよう。原文は中国語で書かれていて、それに日本語の訓点が付けられているのだから「二つの言語」がある。「漢字」もあって、訓点は「読み」でもある。漢語「ヒョウチャク」と日本語「ヨレリ」とが結びつけられているのは、漢字「漂着」がつなぐ「二つの語形」ということになる。つまり、これだけの中に主な振仮名の使い方が揃っていることになる。

漢和辞典は振仮名からつくられた？

さきに「この文脈(context)において」と表現した。中国語文をそれときちんと対応した自然な日本語文に置きかえようとすれば、その文脈における語義をきちんと日本語に「翻訳」しなければならない。そうなると、同じ漢字(によって書かれた中国語)がいつも同じ日本語に翻訳されるとは限らない。

たとえば『日本書紀』の巻第二四、皇極天皇元年九月の記事に「欲レ営二宮室一(宮室を営《つく》らんと欲《おも》ふ)」とあるが、ここでは漢字「欲」が「オモフ」と読まれている。また同二年一一月の記事「不レ欲丁民言丙由二吾之故一喪乙己父母甲(民《おおみたから》の吾《わ》が故《ゆえ》に由《よ》りて、己《おの》が父母《かぞいろは》を喪《ほろぼ》せりと言はむことを欲《ほ》りせじ)」では同じ漢字「欲」が「ホル」(〈欲しく思う〉という語義の古語)と読まれている。したがって一つの漢字「欲」が、ある文脈では「オモフ」という振仮名を付けられ、またある文脈では「ホル」という振仮名を付けられていることになる。つまり漢字＝中国語と、振仮名＝日本語との間に「一対多」という関係が成り立っていることになる。

これを振仮名すなわち日本語の側から整理すると、複数の漢字に一つの日本語が振仮名として付けられるという現象となる。たとえばさきにひいた岩崎本『日本書紀』巻第二四、皇極天皇三年正月の記事「往還之間（往還《かよ》う間《ころおい》）」では「往還」に、同四年六月「勿レ使二往来一（往来《かよ》わしめず）」では「往来」に、巻第二二、推古天皇一二年四月の記事「事理自通（事理《こと》自《おの》ずからに通《かよ》う）」では「通」に、また同三一年七月の記事「常須レ達（常《つね》に達《かよ》うべし）」では「達」に、「カヨフ」と振仮名が付けられている。

よって、さきほどとは逆に、漢字＝中国語と、振仮名＝日本語との間に「多対一」という関係が成り立っていることになる。つまりこの時代、漢字＝中国語と、振仮名＝日本語とは、いわば「多対多」という対応をしていたことになる。

そして、「カヨフ」という日本語と対応している漢字には「通」「達」のように一字のものもあれば、「往還」「往来」のように二字構成をとるものもあることには注意しておきたい。

ある一つの漢字がどのような日本語と対応しているか、いいかえればどのような振仮名が付けられたかは、たとえば岩崎本『日本書紀』の巻第二二すべてを整理してみれば、ある程度はわかる。それは簡単な作業ではないが、とにかくそうすれば、漢字を軸にした訓の整理ができることになる。このような作業を経て、おそらく原初的な「漢和辞典」ができあがったと考えられている。「漢和辞典」とは漢＝漢字と和＝訓とを対応させた辞典ということになる。

『類聚名義抄《るいじゅ(う)みょうぎしょう》』の成立

ところで「辞書」と聞くと何を思い浮かべるでしょうか。『広辞苑』でしょうか。『新明解国語辞典』でしょうか。今わたしたちが使っていることばを調べるのに、今つくられている辞書を調べてみるのはごく自然です。では過去の日本語のことを調べるのにもかつてつくられた辞書、これを古辞書とよびますが、その古辞書を使うことも自然です。ここではそうした古辞書の一つとしてよく知られているものを繙《ひもと》いてみましょう。

さきに述べたように、漢字にあてられた和訓、つまり振仮名を集成して、一二世紀から一三世紀にかけての頃に成立したと考えられているのが、改編本系『類聚名義抄』(以下『名義抄』と略称)である。『名義抄』で和訓「カヨフ」が配されている漢字には、「逗」「通」「返」「潜」「望」「憚」「穿」「暢」などがある。これらの漢字は、おそらく「カヨフ」と日本語に翻訳されたことがあるのだろうから、各々の漢字に日本語「カヨフ」と重なりあいをもつ字義があると予想できる。

さきにふれた「達」字には「イタル」「コホス」「トホル」「トホス」「カナフ」「ヤル」「タツ」「ミチ」「ツカハス」「ツフサニ」「ナラス」「ユク」「カヨハス」「サトル」と、実に一四もの和訓が配されている。

ちなみに常用漢字表には音「タツ」が載せられているのみで、訓は一つも載せられていない。また、たとえば「資」も常用漢字表では訓が一つもみとめられていないが、『名義抄』には「タスク」「トル」「ヨル」「ウチ」「モトヨリ」「タカラ」「アタフ」「タクハフ」「ヨシ」と多くの訓がみられる。

一二世紀頃には、それまでの中国文化と日本文化との交渉の蓄積として、『名義抄』が編まれ、そこにはこれだけ多くの和訓がみとめられる。少し大げさないい方をすれば、その文化交渉の「蓄積」が現代には継承されていないことになる。こうしたことを現在に生きるわたしたちはどう考えればよいのだろうか。

ところで「ツカハス」「カヨハス」はそれぞれ動詞「ツカフ」「カヨフ」に助動詞「ス」が接続したかたちであるが、こうしたかたちは、もともとこれらが、ある具体的な文脈に即した振仮名としてあって、その文脈からいわば「切り取られてきた」ことを思わせ、さきの予想を裏付けるものといえよう。

定訓《ていくん》への道

もう一つ、よく知られている古辞書にあたってみることにしよう。

やはり一二世紀に成立した辞書で、『色葉《いろは》字類抄《じるいしょう》』(以下『字類抄』と略称)と名づけられているものがある。この辞書も『名義抄』と同じように、漢字と和訓とを結びつけているが、『名義抄』のように漢字を軸として編集してあるのではなく、和訓の先頭の音によって、イロハ順に配列してある。したがって和訓を軸に編集されていることになり、位置づけとしては『名義抄』が漢和辞書であるのに対して、こちらは国語辞書ということになる。

さきに『名義抄』において和訓「カヨフ」が配されている漢字を八つあげた。この八つの漢字は、漢和辞書である『名義抄』においては、それぞれの漢字の部首の下、別々の箇所に存在している。一方、『字類抄』では「通　カヨフ　融　享　逢　達　關　流　暢　穿　疏(以下略)」というかたちで「カヨフ」という和訓をもつ漢字が「通」を筆頭に集められている。

これまでの研究によって、一番初めに置かれている漢字(ここでは「通」)はその和訓(ここでは「カヨフ」)ともっとも結びつきがつよいものと推定されている。「もっともつよい」は「定まった」といいかえることができるが、こうした和訓を「定訓」とよぶ。『字類抄』からは、『字類抄』成立の時点で、和訓「カヨフ」が漢字「通」の定訓となっていることが窺《うかが》われる。

一つの漢字が多くの和訓と結びつきをもった状態は、漢字使用に人為的な制限が加わるまでずっと続くが、それでも、いろいろな条件下に、ある和訓がその漢字との結びつきをつよめていって定訓になっていく、というのが一つの道筋であろう。定訓が生まれれば、一つの漢字と結びついている和訓の数が次第に減少していくのも自然な道筋と考えるが、どのような過程を経て和訓が整理されていったのかは明らかにされておらず、今後の解明がまたれる。

現在の常用漢字表に載せられている訓は一つの漢字に一つないし二つの場合が多く、それらが歴史的な和訓から隔絶したものではもちろんないが、それでもやはり、一つないし二つ程度に絞ったというところに着目すれば、いい方としては人為的に生みだされた現代の「定訓」ということになるだろう。自然な推移の中では、一つの漢字が一つの訓しかもたないという状態にはなかなかならないと思われる。

第二節　仮名(平仮名・片仮名)と振仮名

紫式部は『源氏物語』に振仮名を付けたか?

二〇〇八年は、「源氏物語千年紀」としてさまざまな催し物がおこなわれたが、この「時期」の推定は、『紫式部日記』の寛弘《かんこう》五(一〇〇八)年の記事中に「御冊子作《おんそうしつく》り」のことが述べられているのを一つのよりどころとしている。『源氏物語』は今からちょうど一〇〇〇年ぐらい前に書かれている。仮名は日本語を書くための文字としてその頃すでに安定的に使用されていたと思われる。さて、紫式部が書いた、つまり紫式部自筆の『源氏物語』は現在残っているのだろうか。残念ながらそれはない。

ところで『源氏物語』を絵画化した『源氏物語絵巻』という絵巻物がある。それには『源氏物語』の本文が詞書《ことばが》きとしてところどころに付けられている。この絵巻は一一二〇～一一四〇年頃に制作されたと推定されているが、この詞書きを『源氏物語』

の本文とみなせば、これが現在残されている、一番古く書かれた『源氏物語』ということになる。それでも紫式部が書いてから一〇〇年以上たった、平安末期のものということになる。

現在『源氏物語』の古写本とよばれて研究上重視されているものであっても、鎌倉時代の初期、すなわち一三世紀に入ってから写されたと推定されているものがもっとも古いものになる。たとえば現在天理図書館に所蔵されている伝藤原為家筆「箒木《ははきぎ》」は、鎌倉時代中期に書写されたと考えられている。この本の冒頭の部分を次に掲げる。

光源氏名のみこと〳〵しういひけたれたまふとかおほかなるにいとゝかゝるすきことゝもをすゑのよにもきゝつたへてかろひたるなをやなかさん

（光源氏の、お名前だけは仰々しくもてはやされて、なんのかのとけなされ給う欠点が多くおありになるのに、ましてこういうすきごとどもを後の世までも伝えられて軽々しい名を流すようなことがあってはと）

紫式部自筆本があったと想定したとして、これがその自筆本とどの程度同じであるのか、ということは日本文学研究においても、日本語研究においても、重要なことであるが、決定的なことはいえない、としかいいようがない。しかし、ここには振仮名が付けられていない、ということには注目しておいてほしい。

「平仮名漢字交じり文」には振仮名は付けられていなかった

紀貫之《きのつらゆき》の『土左日記』や物語の初めといわれる『竹取物語』、さらには『伊勢物語』や『大和《やまと》物語』、そして『源氏物語』など、作品成立当初から平仮名で書かれていたと思われる文学作品を「仮名文学」と総称することがある。これらの作品が平仮名で書かれていたことは疑いないが、そこから一歩踏みこんで「平仮名のみ」で書かれていたかどうか、となるとこれはむずかしい。ただほとんどすべての語が平仮名で書かれていただろうことは予想できる。「ほとんどすべての語」ということは、少数の語が例外であったことになるが、当時外国語らしさを発音上残したまま日本語の中で借り用いられていた漢語＝中国語がその「例外」にあたると思われる。

今の中国語でもそうであるが、中国語には、仮名では書きあらわしにくい、日本語にはない音が少なからずあり、中国語らしい発音を保とうとすればするほど、漢語＝

中国語は漢字で書くしかなかったと思われる。さきにあげた「源氏」の当時の発音は「グヱンジ」([gwenji])であったと考えられている。[gwe]という発音を平仮名で「ぐゑ」とは(今では書けるが)当時はなかなか書けなかったと思われる。

　初めは漢語のみを漢字で書いていたが、そのうちに次第に漢語以外の語、すなわち和語＝日本語にも漢字をあてるようになっていったのであろう。さきの翻字箇所では「ヒカル(光)」と「ナ(名)」とが和語であるにもかかわらず漢字で書かれている。しかし、それでも全体をみれば、平仮名を基本として、それに少数の漢字を交ぜ用いる「平仮名漢字交じり」の書き方であったといえよう。この書き方の「主役」は平仮名であり、漢字はほんの「脇役」にすぎない。漢字のみを使って日本語を書いていた『万葉集』や『古事記』『日本書紀』の頃から時間がたち、漢字から生みだした仮名(平仮名・片仮名)を使って日本語を書くことができるようになった、ということには留意しておきたい。それは、漢字がつねに「主役」であった時代から、漢字が場合によっては「脇役」になる時代へと移行したということでもある。

　つまりここは「平仮名の世界」であることになる。したがって、漢字に添えられることがその起点であった振仮名の活躍する世界ではないことになる。こう考えてくると、紫式部の書いた『源氏物語』には振仮名はなかった、とかなりの確かさで推定することができる。

『平家物語』はいろいろな書き方がされている

平安時代から鎌倉時代以降に目を移してみたい。『平家物語』は軍記物語だから、漢字を多く使って書かれていると思ってしまいがちだが、『平家物語』にはいろいろな書き方がされた本が現在残っている。

たとえば、巻第五に収められている「富士川(合戦)」と名づけられている章段の一節をみてみよう。ほとんど平仮名ばかりで書かれている国立国会図書館蔵百二十句本(第四八句)、それよりは少し漢字が多く使われている龍谷大学蔵覚一《かくいち》本、漢字片仮名交じりで書かれている斯道《しどう》文庫蔵百二十句本、の三本を並べてみることにする。原文には句読点が使用されていないので、わかりやすいように筆者が句読点を付けたかたちで掲げる。濁点の有無はもとのまま。以下本書では読みやすさを考慮して適宜句読点をおぎなった。

さるほどに十月廿三日にもなりぬ。みやう日、源平、ふじかわにて矢あはせとぞさだめける。夜に入て、平家がたよりげんじのぢんを見わたせば、いづ、するがのにんみんどもがいくさにおそれて、あるひは野にいり、あるひは山にかくれ、あるひは船にのり、海川にうかび、いとなみの火の見えけるを、平家のつわものども、あな、おびたゝしの源氏のちんのかゝり火や、けに、野も山も海も川も、てきにてありけり。いかにせん、とぞさはぎける。（国立国会図書館蔵百二十句本）

さる程に十月廿三日にもなりぬ。あすは源氏冨士河にて矢合とさためたりけるに、夜に入て、平家の方より源氏の陣を見わたせは、伊豆駿河人民百姓等かいくさにおそれて、或は野にいり、山にかくれ、或は船にとりのて、海河にうかひ、いとなみの火のみえけるを平家の兵とも、あなおひたゝしの源氏の陣のとを火のおほさよ、けにもまことに野も山も海も河もみな、かたきてありけり。いかゝせんとそあはてける。（龍谷大学蔵覚一本）

サルホトニ十月廿三日ニモナリヌ。明日源平富士川ニテ矢合ト定リケリ。夜ニ入テ、平家方ヨリ源氏ノ陣ヲ見渡セハ、伊豆駿河ノ人民トモガ軍ニ恐テ、或ハ野ニ入、山ニ隠レ、或ハ船ニ乗リ、海河ニ浮ヒ、蛍火ノミヘケルヲ、平家ノ兵トモ、アナ震ノ源氏ノ陣ノ蜂火《カヽリ》ヤ、實《ケニ》野モ山モ海モ河モ敵ニテ有ケリ。イカニセントソ騒ケル。

（斯道文庫蔵百二十句本）

本文は三本ともほぼ同じであるが、国立国会図書館蔵本には漢字が三〇字（一六パーセント）、平仮名一五二字、龍谷大学蔵本には漢字が五〇字（二九パーセント）、平仮名一二四字、斯道文庫蔵本には漢字が六三字（四七パーセント）、片仮名七一字が使われている。そして「漢字片仮名交じり」の書き方をとっている斯道文庫蔵本のみに振仮名が付けられているのは偶然ではないであろう。「漢字片仮名交じり」という書き方をとる文献は、漢文を訓読した「漢文訓読文」からの「流れ」に連なるものとして原則的には位置づけられるであろうから、そこには振仮名が付けられることがあってもいわば当然ということになる。斯道文庫蔵本には、「通夜《ヨモスカラ》」「私語《サヽヤク》」「終日《ヒス》」「白地《アカラサマ》」「震《オヒタヽシク》」「左右《トカウ》」「周章《アハテ》」「誘引《サソウ》」「安平《ヤスラカ》」「早晩《イツ》」「終夜《ヨモラ》」「記念《カタミ》」「戦《ソヨキ》」「冥途《ヨミヂ》」など、さまざまな振仮名がみられる。「終日《ヒス》」「終夜《ヨモラ》」は「ヒネモス」「ヨモスカラ」の一部を振仮名として付けたものと思われる。

第三節　室町時代の振仮名

「しょっちゅう」使う『節用集《せつようしゅう》』

室町時代に成立したと考えられている、『節用集』と名づけられている辞書がある。「節用」は「セッチョウ」と発音するのだともいわれているが、この辞書について、『新明解国語辞典』第七版(二〇一三年、三省堂刊)は「〔「節用」は、しょっちゅう使う意という〕室町時代の中ごろ作られ、明治時代まで一般の間に広く行なわれた、いろは引き・意義分類体併用の実用国語辞書」と記している。

ここからは、それぞれの文献でどのように振仮名が使われているかをできるだけ実感していただくために、図版を使いながら述べていくことにする。

図1には易林《えきりん》という人物がつくったとされているので、易林本と名づけられている『節用集』を示した。二行目下段「兵庫《ヒヤウゴ》」「氷室《ヒムロ》」のように、漢字に振仮名が付けられたかたちが辞書登載の単位で、それに「未明《ビメイ》　早旦《サウタン》也」の「早旦也」(「ソウタン(早

笑（ヱム）同上

衛府官　映ー日ー壞敗（タフル）恵慶法師

旻天（ビンテン）秋

彼蒼（ヒサウ）天地　未明（ビメイ）早旦　兵庫（ヒャウゴ）

干潟（ヒカタ）也　庇廡（ヒブ）在禁中ー橋　東坤嶼　水室（ヒムロ）我家

比叡山（ヒエイサン）始名曰枝山也桓武帝　興傳敎大師關此山也

比良彦山根（ヒラヒコサンネ）　廣澤（ヒロサワ）　飛香舍（ヒギャウシャ）ー隱　助鋪（ヒヲギ）　開戸　華戸（ヒラキド）　蕋臺（ヒラキバシ）

肘木（ヒヂキ）　枡檜垣（ヒヤキ）ー皮葺（ガキ）　日隱（ヒガクシ）

囚獄（ヒトヤ）候待　美景（ビケイ）月ーニ　月影（ヒカゲ）ー閣　暑日暮（ヒグラシ）　昏（ヒクレ）　昼日（ヒルヒ）

終日（ヒネモス）　日光（ヒカゲ）　曦（ヒカリ）　旱魃（ヒデリ）ー晝　ー午日（ヒルヒ）來　丙未（ヒノエ、ヒノト）

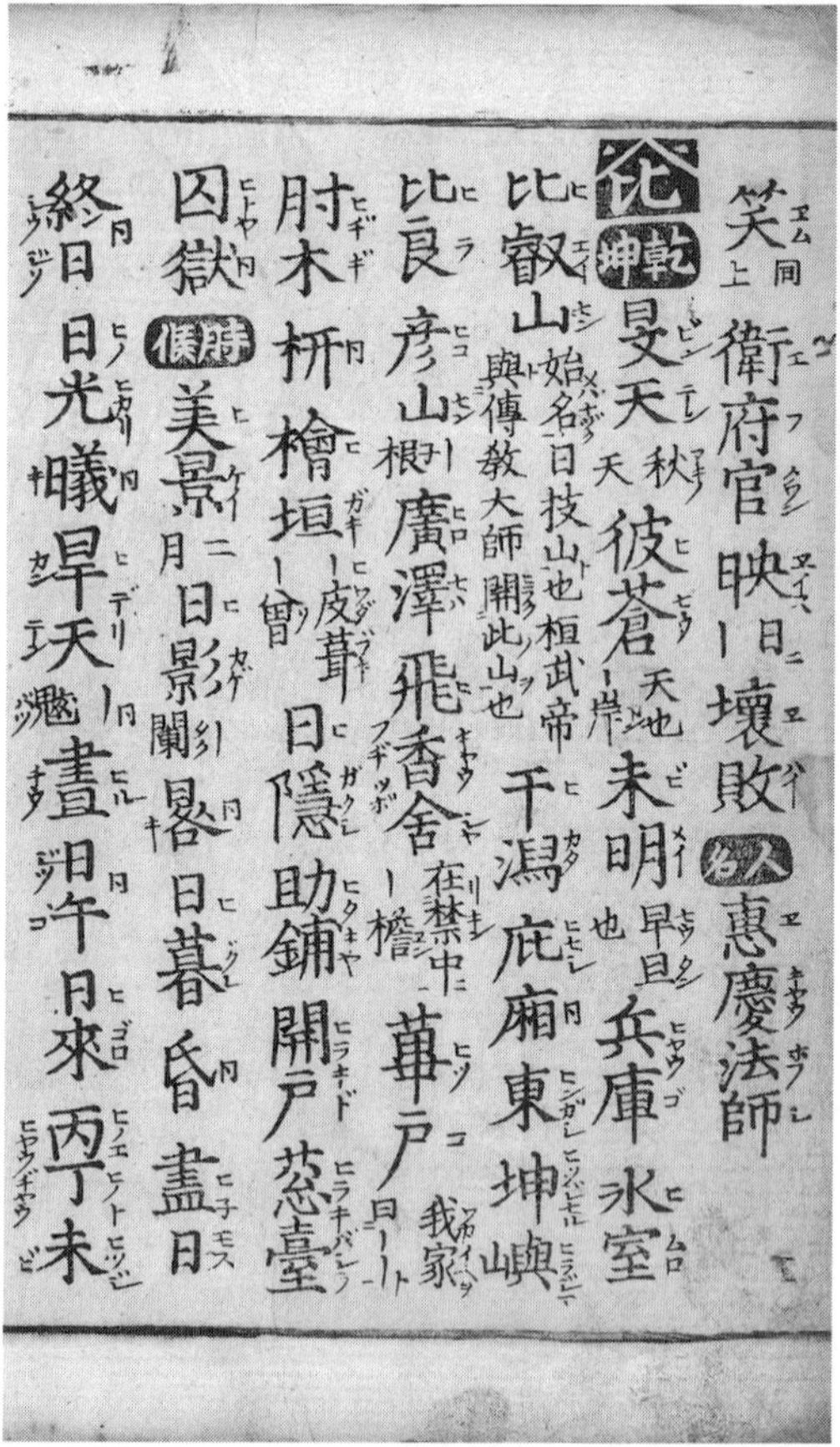

図1

旦)」は〈早朝〉の語義をもつ漢語)のように「注」にあたるものが付けられることがある。振仮名を一単語とみなし、その単語の先頭の仮名をイロハ順に分けるのが「いろは引き」ということである。

この部分は「ヱ」から始まる語を集めた「ヱ部」の末尾と、「ヒ」から始まる語を集めた「ヒ部」の冒頭の箇所にあたる。「イロハ順」であるので、「あさきゆめみしゑひもせす」の「ヱ」「ヒ」ということになる。そうやって集めた、先頭に同じ仮名をもつ語群をさらに、「乾坤《けんこん》」「時候」「人名」「器財」「数量」のように意義によって「門《もん》」に分類してあるのが「意義分類体」ということである(「乾坤」は〈天地〉のこと)。「ビメイ」は現在では「ミメイ」という語形を使っているが、古い時代に成立した辞書をみると、このように、現代語とのいろいろな違いに気づく。

さて、「ヒ部」であれば「ヒ」から始まる語が集められている。この辞書を現代語の辞書をひくような感覚で「ひいて」みよう。たとえば「ヒカゲ」という語を「ひく」とする。語が「ヒ」から始まっているのでまず「ヒ部」を探しだす。その「ヒ部」の中で「ヒカゲ」という単語がどの「門」=意義分類に属するかあたりをつけ、この場合であれば「時候門」に配されているのをみつける、という順序になる。この

「順序」からすれば、語形「ヒカゲ」がわかっていて、さらに(そうでないと「門」が探せないので)だいたいの語義もわかっていることになり、わかっていないのは漢字、つまり「書き方」ということに原理的にはなる。

そのようにいわば理詰めに考えていくと、『節用集』は「書くための辞書」すなわち、ある語にあてる漢字を探すための辞書ということになるが、そこはもう少し緩く、漢字を探す以外にも使われることがあった、と考えておきたい。

漢字の左側にも振仮名がある!

図1をもう一度、よくみてほしい。

最終行「旱天《ヒデリ》」では漢字の左側にも「カンテン」と振仮名が付けられているのがわかる。その前後の「盡日《ヒネモス》　終日《同》」、「晝《ヒル》　日午《同》」では「終日」に「シウジツ」、「日午」に「ジツゴ」と左振仮名が付けられており、これらの漢字は「左右両振仮名」が付けられている。以下では、**図1**以外の箇所の例も使いながら考えを進めていくことにする。

「欺《アザムク》」や「憐《アハレム》」という例を漢字の側からみると、右振仮名にはいわゆる「訓読み」が付けられているのかと思ってしまうが、別の箇所に「災難《サイナン》」や「際限《サイゲン》」という例もあるので、右振仮名が「訓読み」ということではないことがすぐにわかる。漢字の側からみれば、右振仮名は「音読み」「訓読み」といった音・訓にはかかわらず「読み」を示していることになる。「漢字の側」とは、「漢字がまずそこにある」「漢字がもうそこにある」ということで、つまり「「読み手」の立場にたって振仮名をみる」ということでもある。

また、さきに述べたように、『節用集』には、「振仮名＝語形からそれにあてる漢字を探しだす」という「方向性」がある。『節用集』をそのようにとらえた時には、振仮名がスタート地点で漢字がゴール地点であることになり、これは「「書き手」の立場にたって振仮名をみる」ということになる。

「読み」はその漢字をどのような日本語に「還元」すればよいか、いいかえればどのような日本語と結びつければよいのかということで、これは「理解」するということでもある。この場合の「日本語」は、上代すなわち本章第一節で例示した『日本書紀』の時代であれば、ほぼ間違いなく純粋の日本語＝和語であろうが、中国語を漢語として大量に借用していた中世ぐらいの時期を考えれば、「日本語」は和語に限定されず、漢語をも含めた広い意味合いでの「日本語」ということになる。だから『節用集』の右振仮名には音も訓もある。

一方「ある語を漢字でどう書くか」は繰り返し述べているように「書き手」側つまり「書き」にかかわることがらであって「表現」ということとつながる。したがって『節用集』という辞書においては、「読み＝理解」と「書き＝表現」とが交錯、共存していることになる。

再び漢字がつなぐ二つの語形

「サ部」の「言辞門」にある「騒動《サウドウ》(左振仮名「サハグ」)」を例としてさらに考えてみよう。「サウドウ(＝ソウドウ)」という漢語を漢字で書くとしたら「騒動」という漢字があたる、というのがまず一つの道筋になる。

左振仮名「サハグ(＝サワグ)」は、「騒動」という漢字が和語「サワグ」にあてられることもあることを示している。ということは漢字「騒動」を「サワグ」と読むことができるということも同時に示していることになる。そうみると、左振仮名は「書き」と「読み」との双方を示しているとみることもできることになり、漢語「ソウドウ」⟷漢字「騒動」⟷和語「サワグ」という関係が示されていることになり、興味深い。

このことをさらに考えてみれば、この時期には漢字「騒動」が漢語「ソウドウ」も和語「サワグ」も表わしていたことになる。このことを「不便」とみてしまえば、一つの漢字が和語を書いたものなのか、漢語を書いたものなのかわからなくて困るということになるが、「表現」という方向から積極的に評価すれば、一つの漢字によって和語も漢語も書くことができ、さらにいえば漢語「ソウドウ」を漢字「騒動」で書いても、その漢字の向こう側に和語「サワグ」がみえ、和語「サワグ」を漢字「騒動」で書いた時も同じようにその漢字の向こう側に漢語「ソウドウ」がみえていることになる。これを漢字「騒動」側からいえば、漢字「騒動」は「ソウドウ」と「サワグ」との二つの語形に「還元」される可能性をつねにもっていることになり、漢字がその二つの語形をつないでいることになる。ここにも第一章第二節でふれた「漢字がつなぐ二つの語形」があった。

最後に易林本『節用集』にみられる左右両振仮名の例をいくつかあげておく。

漢字	右振仮名	左振仮名
左右	カナタコナタ	サイウ(＝サユウ)
踟蹰	タチモトヲル(＝タチモトオル)	チチウ(＝チチュウ)
悩乱	ナウラン(＝ノウラン)	ナヤマス
蹂躙	フミニジル	ジウリン(＝ジュウリン)
白地	アカラサマ	カリソメ
蹂躙	ジウリン(＝ジュウリン)	フミニジル
饗應	モテナス	キヤウヲウ(＝キョウオウ)

漢字「蹂躙」は「フ部」では右振仮名が「フミニジル」で左振仮名が「ジウリン」であるが、この漢字は「シ部」にも収められていて、そこでは右振仮名が「ジウリン」で左振仮名が「フミニジル」となっており、シ部「ジウリン」からもフ部「フミニジル」からもひけるようにつくられている。漢字「蹂躙」を真ん中において和語「フミニジル」と漢語「ジュウリン」とがかなりしっかりと結びついていることが具体的に確認できるだろう。

表現としての振仮名

さて、このように漢字「蹂躙」が漢語「ジュウリン」も和語「フミニジル」も表わすことができるのであれば、書き手がどちらの語を書くつもりであったのかを、振仮名を付けることで示すことになる。

ある語を漢字で書く「書き方」が「ヤマ」↓「山」のように(ほぼ)一つしかないのであれば、「読み手」が迷うことはないはずで、振仮名も必要がなくなる。しかし「二つの語形」が候補として存在するのであれば、振仮名によって語形を示す必要がある。つまり振仮名が「読み＝理解」を保証していることになる。

室町期はそれまでに借用された漢語が日本語の中で安定的に用いられる一方で、さらに大量の漢語が日本語の中に流れこんできた時期であるといえよう。それは語に関してのことがらであるが、それにともない、それまでの時期と比べて漢字の使用は必然的に多くなったことが予想され、さきに述べた、漢字を媒介とした「二つの語形」の結びつきが自然に形成され、またそれが人々に意識された時期でもあったと考えられる。ここにいたって、これまで主に漢字の「読み」であった振仮名が漢字をめぐる自由な表現を支える機能をもつようになり、「「読み」としての振仮名」に加えて「「表現」としての振仮名」という面が発生しはじめたとみることができる。

ここで、現在について考えてみれば、現在は漢字一字を単位として「読み」(＝音・訓)を固定することによって、「読み」の側から「書き方」を制限していることになる。

常用漢字表では漢字「騒」に音「ソウ」、訓「さわぐ」を載せている。常用漢字表に従えば、漢字「騒動」は「ソウドウ」を書いたものに決まっているし、「サワグ」を書く時には「騒ぐ」と書くことになる。どうしても「サワグ」を「騒動」と書きたければ「騒動《さわぐ》」のように書くしかなく、振仮名が必須のものとなる。

新聞や雑誌などの範囲で考えれば、現代の日本語表記においては振仮名は原則として使われておらず、そのように振仮名は使わないということになれば、「サワグ」を「騒動」とは書けない。いや、書けるけれども、常用漢字表に基づいた日本語表記に慣れている現代人は、振仮名なしの「騒動」は「サワグ」と結びつけにくい、「サワグ」と書いたものとはみえにくいということになる。

第二章では古辞書なども使いながら、平安時代から室町時代までの振仮名について述べてきた。こうしてみると、第一章で述べた現在使われている振仮名の原理のほとんどが古くからあることがわかり、日本語、日本語の表記と振仮名とが深く結びついていることがわかっていただけたのではないだろうか。

第三章　江戸期の振仮名
——表現としての振仮名——

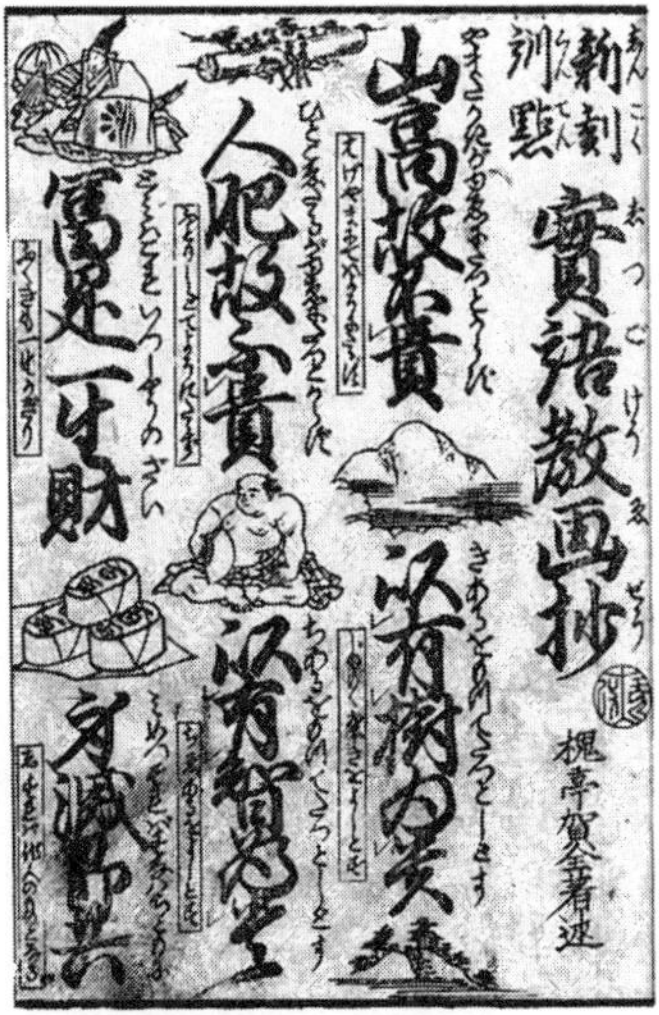

『実語教童子教絵抄』

冒頭「山高故不貴　以有樹為貴」の右側には「やまたかきがゆゑにたつとからず　きあるをもつてたつとしとす」と，左側には「はげやまにてはようにたゝず　じゆもくおほきをよしとす」とある．

前章では、平安期に振仮名の起原をみ、そこから室町末期頃までの振仮名を追いかけてみた。振仮名が「平仮名漢字交じり文」にはみられないところから、振仮名と、漢文訓読文と親和性のたかい片仮名との結びつきが依然としてつよいことを確認した。この時期の振仮名はそうした意味合いからしても、「読みとしての振仮名」とみることができるが、室町末期頃には「表現」とかかわる振仮名が生まれつつあることがわかった。本章では、江戸期に目を移し、「表現としての振仮名」のさまざまなあり方を、具体的な文献に基づいて観察してみたい。

第一節　読本《よみほん》の振仮名

「読本」の代表的作品ともいえる曲亭滝沢馬琴(一七六七〜一八四八)の『南総里見八犬伝』の九輯《しゅう》巻之二の一節を、架蔵本によって**図2**として掲げた。

「読本」は一八世紀半ば頃から幕末にかけて出版された、絵よりも「読むこと」を主とした小説をさすが、それは雅語《がご》(みやびやかな語)と俗語とをあわせ用いた「和漢《わかん》混淆文《こんこうぶん》」で綴《つづ》られることが多かった。

和漢混淆文とは、和文＝和語と漢文訓読文＝漢語とが混淆して、つまり交じって一体となった、『平家物語』などのような文(体)をさす。鎌倉期の『平家物語』のような文体を用いて、江戸期に滝沢馬琴が創作をしたと考えればよい。和漢混淆文では和語と漢語とが交ぜ用いられるのであって、これこそが振仮名活躍の場であることになる。

そして和文と漢文訓読文とが交じった「和漢混淆文」が、ここにみられるように「平仮名漢字交じり」で書かれているのであって、その「平仮名漢字交じり」文の漢字の右側に片仮名ではなくて平仮名で振仮名が付けられていることには注目しておきたい。

読本の左右両振仮名

振仮名といえば漢字の右側に付けると思いがちであるが、漢字の左右に振仮名が付けられることもあった。

図2二行目、一〇行目、一一行目には次のようにあり、左右両振仮名がみえる。

信乃《しの》は随便《すなはち》《○サツソク》隊兵《てのもの》に城門《きと》を開《ひら》かし迎入《むかへい》れて(二行目)
和殿《わとの》この巣穴《さうけつ》《○スミカ》を攻破《せめやぶ》りて。民《たみ》の困乏《こんぼく》を賑《にぎは》せしは(一〇行目)
実《じつ》に得《え》かたき愉快《ゆくわい》《○コ、ロヨキ》の事也(一一行目)

二行目の例は「シノハ　スナハチ　テノモノニ」でも左振仮名の「シノハ　サツソク　テノモノニ」でもどちらでも文は成立する。一〇行目も同様に、「ワトノ　コノサウケツヲセメヤブリテ」でも「ワトノ　コノスミカヲセメヤブリテ」でも文は成立する。しかし、一一行目は「ジツニ　エカタキ　ユクワイノコトナリ」は文としておかしくないが、左振仮名の「ジツニ　エカタキ　コ、ロヨキノコトナリ」は文として少しおかしくなる。つまり、ここは「ユクワイ(=ユカイ)」を漢字で「愉快」と書き、「ユクワイ」の語義の「補足説明」として左振仮名「コ、ロヨキ」を付けたとみるの

浩處《かうところ》に道節《どうせつ》は荘介《さうすけ》小文吾《こぶんご》現八《げんはち》大角《だいかく》们と共侶《もろとも》に隊兵《てのもの》六七十名《みな》を従《したが》へて五十子《いさらこ》の城《しろ》に来《き》にけれバ信乃《しの》は随便《すなはち》隊兵《てのもの》に城门《きど》を開《ひら》かし迎《むか》へ入れて却《さて》城攻《しろぜめ》の事の顛末《てんまつ》計策《はかりごと》その圖《づ》に當《あた》りて一戦《ひといくさ》全勝《ぜんせう》を得《え》たる事及《およ》び倉廪《くら》を開《ひら》きて窮民《きうみん》们を賑《にぎは》しゝる事の趣《おもむき》并に降参《かうさん》の城兵《じやうひやう》を饒《ゆる》しゝたる事まで

もその崖略《あらまし》を報《つげ》しかバ道節《どうせつ》は荘介《さうすけ》们の四大士《しだいし》とともに各々も听《きゝ》て欽《きん》約莫《およそ》旧君の復讐《あだ》は洒家《おのれ》本人《ほんにん》といへどもその軍功《ぐんこう》を論《ろん》ずれバ犬塚《いぬつか》に及《およ》ぶものなし今《いま》よりして一級《いつきふ》を降《くだ》らばやとぞ宣《のたま》ざる然《さ》ハ思へどもやといひ皆《みな》に感激《かんげき》して已《やま》ざりければ荘介《さうすけ》们の四大士も且感《かつかん》じ且悦《よろこ》びて共に稱賛《せうさん》なりける。且《か》つ道節《どうせつ》ハ又信乃《しの》にうち對《むか》ひて定正《さだまさ》敗北《はいぼく》の為体《ていたらく》及河鯉《かはこひ》佐太郎孝嗣《つぐ》が忠孝《ちうかう》鮮目前《まのあたり》と權佐守如《ごんのすけもりゆき》が自殺《じさつ》の事又毛野《けの》ハ河鯉守如《かはこひもりゆき》が知己《ちき》の義《ぎ》を思ふの故に辞《じ》して當城《たうじやう》へ来《き》ざりし事他《かれ》が遠慮《えんりよ》の議論《ぎろん》まで箇様々々《かやう/\》と解示《ときしめ》して我定正《われさだまさ》を趕《おひ》し折《をり》才に盛を射落《いおと》して裏缺《うらか》ざりしハ遺恨《ゐこん》なれども和殿《わどの》が巣穴《そうけつ》を攻破《せめやぶ》りて民《たみ》の困乏《こんぼふ》を賑《にぎは》せしハ実に快《こゝろよ》く愉快《ゆくわい》の事なり然《さ》ればとて城《へい》を毀《こぼ》ち塹《ほり》を埋《うづ》めて火《ひ》を滅《け》させその降卒《かうそつ》们を

図 2

が自然だ。

先に「サウケツヲセメヤブリテ」でも「スミカヲセメヤブリテ」でも成立する、と述べたが、それはいわば文法的には、ということだ。この文では、「スミカ」だと語義がひろすぎるように感じる。ここではやはり馬琴は、文の構成要素としては、「サウケツ(=ソウケツ)」という漢語を選択し、それを漢字で「巣穴」と書いてから、この場合は、語義の「補足説明」として「スミカ」と左振仮名を付けたとみるのがよさそうだ。

ここでは右振仮名は平仮名、左振仮名は片仮名で書かれていて、左右の位置の違いが、平仮名、片仮名の違いに対応している。「愉快《ゆくわい》(左振仮名「コ、ロヨキ」)」のように、右振仮名を「読み」、左振仮名を「語義の補足説明」として使い分けるというやり方は「読本」に限らず江戸期にひろくみえ、それは第四章で扱う明治期にも受け継がれていく、左右両振仮名のあり方の基本的なかたちであるが、といって、いつも左右の振仮名がそのように整然と機能分担していなければ不都合ということでもない。

いろいろな面で「統一されていること」を過剰なまでに追求する現代人の目にはさぞかし「不統一」にみえることと思うが、一つの漢字に関して、振仮名を付ける位置としては左と右の二箇所があって、それを必要に応じて臨機応変に使っていく、ぐらいに緩やかにとらえておいた方がよいように思う。

振仮名のマニエリスム

また図2をみるとわかるように、ほとんどすべての漢字に振仮名が付けられ、場合によっては左振仮名も付けられるというこの版面《はんづら》は、「過剰さ」あるいは振仮名への「執着」を感じさせるものであり、ここにみられる振仮名がすべて必要不可欠＝必要最低限ではなく、そもそも「余剰」を含んだものとみえる。

美術史ではルネサンスからバロックへの移行期に生まれた、極度に技巧的、作為的な様式を「マニエリスム(maniérisme)」とよぶことがある。ラファエロやミケランジェロといった巨匠たちの「マニエラ(maniera　手法)」を摸倣《もほう》しているという否定的な傾きをもったよび名として一八世紀に使われるようになったものであるが、二〇世紀初頭になると、作品のもつ幻想性などが積極的な評価をうけるようになる。

一九世紀に生きた馬琴の、これらの過剰なまでの振仮名の使用は、振仮名を「表現」の技巧、「方法(manière　マニエール)」として追究した結果ともいえ、「振仮名のマニエリスム」といえるかもしれない。となれば、やはりこうした振仮名の「あり方」をすっきりとした機能性からばかり説明しようとしない方がよいことになる。

現在でも馬琴が書いた『南総里見八犬伝』の自筆稿本はいくつかの図書館に、かなりの分量が残されているが、振仮名はすでに稿本に付けられていて、『南総里見八犬伝』の振仮名が馬琴のはっきりとした意志によって、馬琴の意図したかたちで付けられていることがよくわかる。

『南総里見八犬伝』の振仮名いろいろ

まずさきに述べた左右両振仮名の例を次にいくつかあげてみる。

漢字	右振仮名	左振仮名
看病	みとり	カンビヤウ(＝カンビョウ)
君命	くんめい	オフセ(＝オオセ)
項	えり	ウナヂ(＝ウナジ)
平生服	つねのきぬ	フダンキ

別人　ことびと　ベツジン
悲泣　なげき　ヒキウ(＝ヒキュウ)
疑心　うたがひ(＝うたがい)　ギシン
怡悦　よろこび　イヱツ(＝イエツ)
眩惑　げんわく　クラマサレ
効験　しるし　コウゲン(＝コウケン)
孤客　こかく　ヒトリタビ
賞　せう(＝しょう)　ホウビ

「君命《くんめい》」のように右振仮名に「音読み」が付けられている場合と、「看病《みとり》(左振仮名「カンビヤウ」)」のように左振仮名に「音読み」が付けられている場合とがあることがわかる。

近代中国語とつながる振仮名

『南総里見八犬伝』には「疲労《つかれ》を慰《なぐさ》め給ふ程《ほど》に」「黄昏時候《たそがれころ》に」「左右《とかく》する程《ほど》に」

「老侯《おほとの》より東西《もの》賜《たまは》せし」「你《そなた》の面影《おもかげ》。幼穉貌《をさながほ》は耗《うせ》ねども」「懇切《ねんごろ》に。間《ま》なく時《とき》なく交加《ゆきかひ》て」「親兵衛《しんべゑ》を。結果《おしかたつけ》なば愉快《こゝちよけ》れど」「立地《たちところ》に思ひ復《かへ》して」「事《こと》の顚末《もとすゑ》を解示《ときしめ》され」「頻《しきり》に焦燥《いらたち》て」などさまざまな振仮名がみられる。一つ一つの例について、漢字と振仮名との関係を追究すれば、それはそのまま日本語の歴史を追究することになる。ところで、これらの中には近代中国語とのつながりを窺わせるものも含まれている。

　現代中国語(北京官話)の「東西」には〈東と西〉と〈品物〉との二つの語義がある。「東西《もの》」は、現代中国語の、この〈品物〉という語義と重なっており、現代中国語にさきだつ近代中国語と江戸期の日本語とが交渉をもっていたことに基づく振仮名と思われる。「交加」も現在は〈二つの物事が同時にやってくる〉という意味で中国語の書きことばとして使われている。このように、振仮名に近代の中国語(口語)とのつながりを窺わせる例を少なからずみいだすことができることはきわめて興味深い。

「深念」は「シアン」と読むのか?

　『南総里見八犬伝』九輯巻之十に「胸《むね》に深念《しあん》は在暁《ありあけ》の」という箇所がある。漢語「シアン」は通常「思案」と書かれる。他の箇所に「思案《しあん》」と書かれたところがある。

「シアン」と「思案」との結びつきは江戸期でも現代とかわらない。

しかし馬琴はその漢語「シアン」を書くのにわざわざ「深念」という漢字を多くの箇所で使っている。「シンネン(深念)」は『史記』や『漢書』にみられる、いわば由緒正しい中国語＝漢語である。「深念《しあん》」と書くと、振仮名「しあん」を真ん中にして、「深念(シンネン)」↔「しあん」↔「思案(シアン)」という関係が浮かびあがってくることになり、これも振仮名をめぐる「二つの(漢語)語形」ということになる。

このように、漢語にあてられる漢字(たとえば、「ジュンビ」という漢語にあてられる漢字「准備」)に、別の漢語の振仮名(たとえば「ようい」)が付けられていて、振仮名は漢字の「読み」にはならない、という例は、他の箇所からも、「尋思《しあん》」「不測《ふしき》」「主意《ふんべつ》」「盤纏《ろよう》」「路費《ろよう》」「冤鬼《ゆうれい》」「當晩《こんや》」「戦飯《ひやうらう》」「家號《みやうじ》」「戦粟《ひやうらう》」などと少なからずみつけだすことができる。

これらの例をみてもわかるように、漢語が振仮名となっていながら、その漢語を通常書くのに使われる漢字が使われていない場合には、漢字の選択が「文学的な表現」としてわざとずらされている場合と、そうでない場合とがあると思われる。「そうでない場合」はそこになんらかの「必然性」があることになるが、その場合は江戸期だけではなく、続く明治期にも同じ例がみられることが多い。

第二節　江戸期に出版された辞書にみられる振仮名

楷書が振仮名?

第二章では室町期の『節用集』を使いましたが、ここでは江戸期に出版された『節用集』をみてみることにしましょう。だいぶ趣きが違ってきています。

図3は江戸初期頃に出版されたと思われる「真草二行《しんそうにぎょう》」の形式をとる『節用集』の「ナ部」である。「真草二行」とは、「真」すなわち楷書で書いた字と、「草」すなわち草書で書いた字とを並べて提示する形式のことで、江戸期に出版されている『節用集』の中には、書名にそれをはっきりと謳っているものもあれば、謳ってはいなくても実際にそうなっているものも少なくなく、「真草」を並べることは江戸期の『節用集』の特徴の一つともいえよう。

図4は宝永元(一七〇四)年に出版された『江戸《えど》大節用海内蔵《だいせつようかいだいぐら》』という書名の『節用集』であるが、「大」や「蔵」というのにふさわしく、厚さは五センチをこえる。

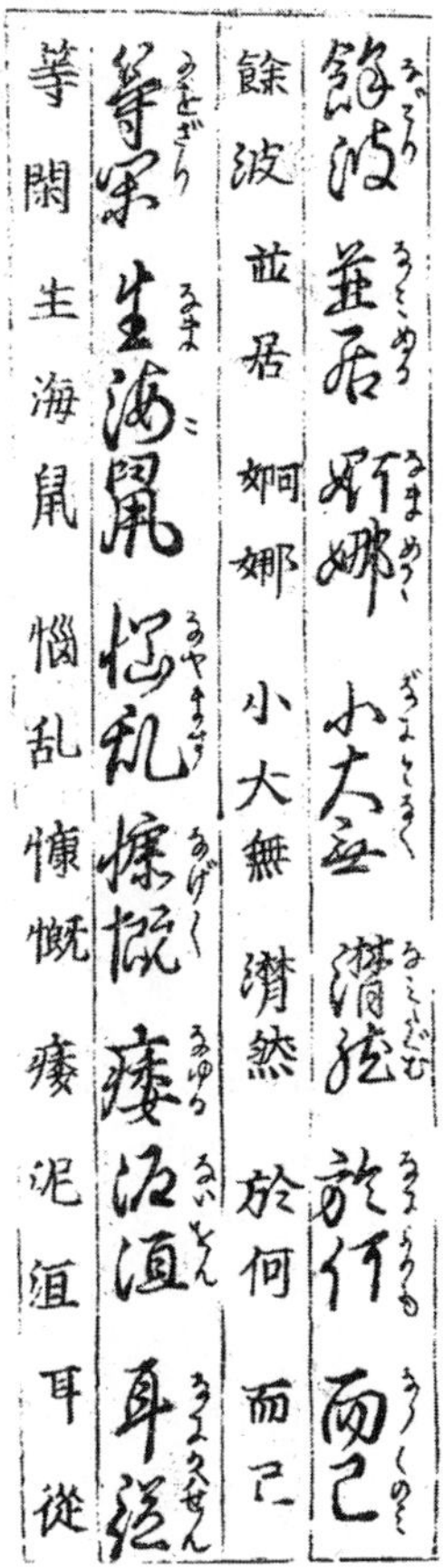

図3

図4

図4左行中央部の「活業」からわかるように、草書体を真ん中にして、その右側には、たとえば「活業《なりわひ》」と平仮名で振仮名を付け、漢字の左側の行に楷書体で漢字を「活業《クワツゲフ》」と示し、その漢字の右側に片仮名で「クワツゲフ(=カツギョウ)」と振仮名を付ける。この項目の場合は下にさらに「よわたり」とある。すべての項目がこのような形式をしているのではなく、さまざまな形式がみられるが、こうした形式をとる『節用集』の全体から読みとれそうな「情報量」はかなり多い、と感じる。

日本語「ナリワイ」は漢字で「活業」と書くことができる。その漢字「活業」は漢語=中国語「カツギョウ」を書くこともできる。その漢語=中国語「カツギョウ(活業)」は日本語「ヨワタリ」という語義をもつ。少なくともこのような「情報」を読みとることができる。

では日本語「ヨワタリ」と「ナリワイ」との関係はどうなのか、とさらにさきを知りたくもなるが、振仮名を一つの「形式」として、日本語と中国語=漢語をめぐる「情報」が詰めこまれ、めくるめくような「世界」を形成しているのが江戸期の『節用集』といえよう。

図3の「真草二行節用集」にもどることにする。ここでも、まず草書があって、そ

の左側に楷書があたかも左振仮名のように置かれていることが注目される。このように江戸期の『節用集』においては、草書が実際に書くかたちとして「主」の位置を占めていたことに注目してほしい。

現在では楷書がわたしたちの文字生活の「主」であり、たとえば大学の授業でこのような「真草二行」形式の『節用集』を使うことになれば、学生はまず左側の、いわば「従」の位置にある楷書の行をみて、「主」である草書になんと書かれているかを判断するだろう。英語を習いはじめた時に筆記体と活字体とを並べた教科書があったような記憶があるが、ちょうどそれと似ている。

右振仮名をみれば「餘波《なごり》」「婀娜《なまめく》」「濟然《なみたぐむ》」「等閑《なをざり》」「悩乱《なやます》」「慷慨《なげく》」などとある。第二章第三節でとりあげた易林本『節用集』では「悩乱《ナウラン》(左振仮名「ナヤマス」)」とあったが(八〇頁参照)、ここでは左振仮名が使われず、右振仮名として「なやます」とある。漢字「悩乱」と「ナヤマス」との結びつきが室町時代から江戸時代へと継承されていることがわかる。

俗語が振仮名?

別の辞書の振仮名をみてみよう。この辞書は何度も重ねて出版されており、江戸期には比較的使われていた辞書であったと思われる。

『雑字類編《ざつじるいへん》』は寛政の三博士の一人として知られる、江戸後期の儒者、柴野栗山《しばのりつざん》(一七三六〜一八〇七)とその弟貞穀《さだよし》とによって編まれた辞書で、天明六(一七八六)年に出版されている。図5は「コ部」「人事門」の末尾及び「動物門」の冒頭の箇所を架蔵本によって掲げた。この辞書は、『節用集』と同じように、収載語をまずイロハ分けしてから、それをさらに「天門」「地理」「身体」「飲食」「人事」「動物」などのような一八の「門」に意義分類している。

四行目の末尾にある「顚仆(テンプ/テンボク)」は、下の漢字「仆」に〈たおれる〉という字義があるので「テントウ(顚倒)」とほぼ同じ語義であるが、古くから使われている。この「顚仆」の右振仮名に「コケル」、左振仮名に「コロブ」とある。現代語であれば「コロブ」よりも「コケル」がいささか俗語的であるが、当時もなんらかの「差」があったために左右に振仮名が付けられたと考えられる。

また五行目の末尾では、現在も使う漢語「フンサイ(粉砕)」の右振仮名に「コミヂ

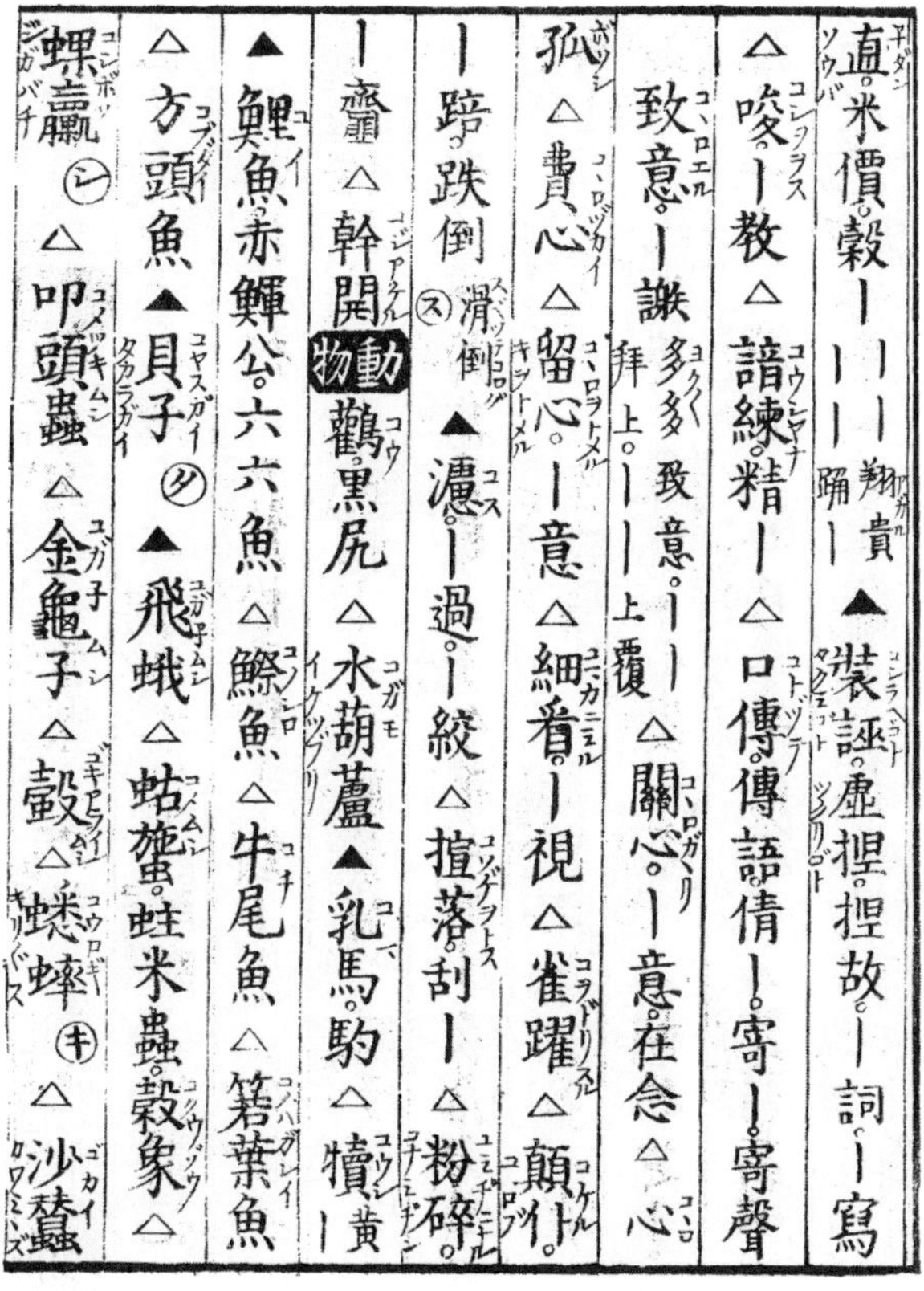

直《ヂダン》。米價。穀｜｜｜｜｜｜踊｜翔貴《カウキ》▲裝誣。虛捏。捏故。｜詞。｜寫
△嗲《コシラヘ》｜教△諳練《コウレン》。精｜△口傳《コトヅテ》。傳語倩｜。寄｜。寄聲
致意《コヽロエル》。｜謙 多多《ヨクヨク》致意。｜｜拜上。｜｜｜上覆△關心《コヽロガヽリ》。｜意。在念△心
孤《ボツシ》△貴心《コヽロヅカイ》△留心《コヽロヲトメル》。｜意△細看《コマカニミル》。｜視△雀躍《コヲドリスル》△顛仆《コケル》。
｜蹄跌倒㋜滑倒▲漉《コス》。｜過。｜絞△揎落《コソゲヲトス》。刮｜△粉碎《コナミヂン》。
｜齏△幹閑 動物 鶴《コウ》。黑兊△水葫蘆《コガモ》▲乳馬。駒《コマ》△犢《コウシ》｜黃
▲鯉魚《コイ》赤鱏公。六六魚△鰶魚《コノシロ》△牛尾魚《コチ》△箬葉魚《コノハガレイ》
△方頭魚《コブダイ》▲貝子《コヤスガイ》㋟▲飛蛾《コガネムシ》△蛄蟹《コメムシ》。蛙米蟲。穀象《コクゾウ》△
蜾蠃《コシボソ》㋛△叩頭蟲《コメツキムシ》△金龜子《コガネムシ》△蝨△蠑螈《コウロギ》㋖△沙蠶《ゴカイ》

図5

ニナル」、左振仮名に「コナミヂン（＝コナミジン）」とある。「コナミジン（粉微塵）」は現在も使う語であるが、「コミヂ（＝コミジ）」はそこから変化した語と推定されており、現代方言として「コメンジ」「コメズ」「コミジコッパ（粉微塵木端）」などの語形も報告されている。

左振仮名が二つ？

最終行では漢字「蟋蟀」の右振仮名に「コウロギ」、左振仮名に「キリ〲ス」とある。項目の下には「キ」とあって、「キ」の部にも項目があることを示しているので、「キ部」にあたってみると、そこには漢字「蟋蟀」の右振仮名に「キリ〲ス」、左振仮名に「イトヾ」とあり、また項目の下に「イ」とあるので、今度は「イ」の部をみる。するとそこには「蟋蟀《イトヾ》。促織。竈馬。蛬。蛩」とあって、「蟋蟀」の左側に「キリ〲ス。カウロギ」と二つの左振仮名が付けられている。

結局「イ」「コ」「キ」三つの部にあたったことになるが、まずこのように、項目間の連携がきちんとはかられていることが辞書として評価できる。そして三つの記事を整理すると、漢字「蟋蟀」と結びつく語形として「キリギリス」「コオロギ」「イトド」の三つがあり、また「蟋蟀」と同じように用いることができる漢字として「促織」「竈馬」「蛬」「蛩」の四つがあることになる。「イトド」は現在は「カマドウマ（竈馬）」の異称とされているが、それはそれとしておく。

ここでは一つの漢字に二つどころか三つの語形が結びつき、またたとえば「キリギリス・コオロギ」と結びつく漢字が五つあげられているのであって、こうしたことを全体としてみれば、漢字と振仮名との間に「多対多」の関係が成り立っていることになるが、そうした日本語のあり方をうまく吸収して編纂《へんさん》されていることがわかる。漢字、漢語が根付いた日本語による当時の言語生活をよく体現した辞書であるといえよう。

中国語テキストの振仮名

江戸期に「鎖国」がおこなわれていた時も、長崎の出島においては日本とオランダ・中国との交渉はおこなわれていた。中国からは大量の書籍が輸入されていたし、そうした中国との交渉、交易のために通訳官である唐通事《とうつうじ》も養成されていた。「唐話」とはひろくは近代中国語をさすが、交流は中国南部の浙江《せっこう》地方が窓口となっておこな

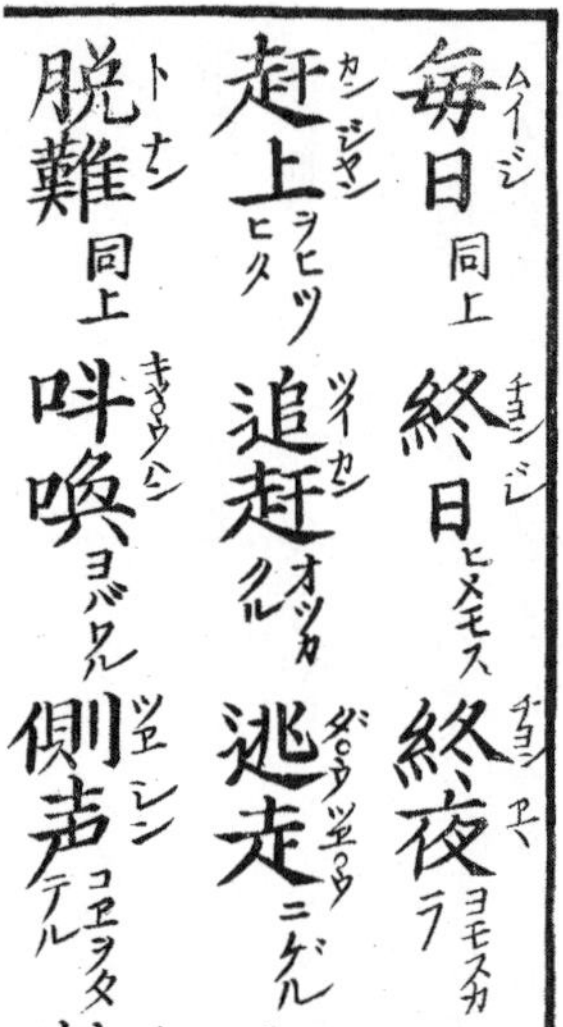

図6

われていたため、具体的には浙江地方の標準語といえる杭州語と、南京官話、すなわち南方地域の中国語が学習されていた。

『唐話《とうわ》纂要《さんよう》』は当時の「唐話」の第一人者であった岡嶋冠山《おかじまかんざん》(一六七四〜一七二八)の編集したもので、当時、唐話学習の教科書(的辞書)としてもっとも流布したものとされている。享保元(一七一六)年に全五巻として刊行された。**図6**は架蔵本の巻一の部分である。漢字の右側に中国語の発音が振仮名として付けられ、漢字の下には日本語訳が置かれている。

たとえば図の三行目末尾「忍耐」は現代中国語(北京官話)では[rěnnài]と発音し、これを片仮名で書くとすれば「レンナイ」であろうが、「ジンナイ」はこれとちかいといえなくもない。現在、わたしたちが中国語を習う時に教科書に発音を片仮名でふることがあるかと思うが、『唐話纂要』の振仮名は、それと同じようなものだと思えばよい。

一行目に「終日《チヨンジ》　ヒメモス」とあり、第二章第三節で『節用集』の例として掲げた「盡日《ヒネモス》　終日《同》」と、やや語形が異なりはするが、同じ漢字と振仮名との結びつきがここに確認できる(七六頁参照)。ここには現代でも使われている漢語「毎日」「終夜」「徹夜」「逃走」「叫喚」などがあげられており、こうした漢語が現代を遡《さかのぼ》る時期にすでに使われていたこともわかる。

日本語訳の位置に置かれた漢語

『唐話纂要』をずっとみていくと、次のような例があることに気づく。

安當《アンタン》　アンドスル　　起行《キイヒン》　ホツソクスル　　失禮《シリイ》　ブレイイタシタ

商議《シャンイ、》　ダンカウスル　　商量《シャンリャン》　同上　　酌量《チャリャン》　リヤウケンスル
斟酌《チンチャ》　同上　　主意《チュイイ、》　フンベツ　　均平《キュンピン》　ビヤウダウ
温柔《ウヲンジウ》　ニウハモノ　　温存《ウヲンヅヲン》　同上　　忌諱《ギイホイ》　ヱンリヨスル
忌憚《ギイダン》　同上　　約定《ヤディン》　ヤクソクスル　　沈吟《ヂンニン》　シアンスル
審問《シンウヱン》　センキスル　　平安《ピンヤン》　ゴソクサイ

右振仮名はさきに述べたように、中国南方地域の発音を示しているが、ここでは「日本語訳」に注目してみる。たとえば「酌量（シャクリョウ）」という漢語は現代では〈事情を酌みとる〉という語義で使われるが、ここではその「酌量」の「日本語訳」として「リヤウケン（＝リョウケン）」という別の漢語が使われている。右には、同じように、「日本語訳」として漢語が使われている例を掲げた。

漢語＝中国語を説明するために「日本語訳」のように使われている漢語は、当時日本語にとけこんでいた漢語と思われ、ここではそうした「漢語の層」が観察できる。つまり右の「日本語訳」に置かれた「アンド（安堵）」「ホッソク（発足）」「ブレイ（無礼）」「ダンコウ（＝ダンゴウ）（談合）」「リョウケン（料簡）」「フンベツ（分別）」「ビョ

ウドウ(平等)」「ニュウワ(柔和)」「エンリョ(遠慮)」「ヤクソク(約束)」「シアン(思案)」「センギ(詮議)」「ソクサイ(息災)」は比較的理解しやすい漢語であったと予想できる。

ところで、本章第一節では馬琴が「シアン」という漢語を(「思案」とも書いてはいるが、それよりも多く)「深念」や「尋思」と書いていることについてふれた。なぜ馬琴はそのように書いたのだろうか。それを考える鍵がここにあるのかもしれない。「シアン」は当時すでに漢語らしさを消し、日本語=和語の中にとけこんでいた。だから単語としては「シアン」を使うけれども、馬琴は「衣裳《いしょう》」だけは中国風のものを着せたかった。中国風の衣裳とは、漢語らしさをもった、相応の「かたさ」「いかめしさ」をもった漢字である。

こう考えると、さきに『南総里見八犬伝』の例としてあげた「主意《ふんべつ》」と同じ組みあわせがここにみえることは偶然ではない。「フンベツ」はおそらく漢語らしさをもうあまり保っていなかった。馬琴は江戸期に形成されていた「漢語の層」を巧みに自らの作品の表記に組みこんでいると思われる。『唐話纂要』はそうした形式をとらなかったけれども、左振仮名も使って両振仮名の形式で、たとえば「平安《ビンヤン》(左振仮名「ゴソクサイ」）」と表示することも可能だったことになる。

第三節　江戸期の振仮名百花繚乱《ひゃっかりょうらん》

『伊勢物語』をすべて漢字で書いてしまった！

『伊勢物語』といえば仮名文学の代表的作品であるが、驚いたことに江戸期にはそれをすべて漢字で書いたものが出版されている。

図7は『真名伊勢物語《まないせものがたり》』である。「真名」は「仮名（かりな）」に対する「真名」で、漢字を意味する。つまりこれは漢字で書かれた『伊勢物語』ということになる。この『真名伊勢物語』そのものは南北朝期には成立していたといわれている。実際に文献上に引用される、というかたちで『真名伊勢物語』が姿を現わすのは一四世紀ぐらいからのことになる。

図は江戸期、寛永二〇（一六四三）年九月の奥付けをもつ版本なので、この江戸期の振仮名の節で扱うことにした。また明和六（一七六九）年に出版された、建部《たけべ》綾足《あやたり》（一七一九〜一七七四）の著した『旧本伊勢物語』とよばれる、漢字ばかりで書かれた『伊勢物語』もこの本とは別に存在する。

図7は通常『伊勢物語』第三二段とされる「むかし、物いひける女に、年ごろありて、いにしへのしづのをだまき繰りかへし昔を今になすよしもがなといへりけれど、何とも思はずやありけん」の箇所にあたるが、ここには流布本にはみられない「男」という語がみられる。ところで、和歌「いにしへのしづのをだまき繰りかへし昔を今になすよしもがな」の箇所は『旧本伊勢物語』では「古賤女之麻手巻捽返往古乎今尓成世師毛哉」と書かれている。ちなみに『古本伊勢物語』ではこの和歌は「古乃倭乃小手巻繰返之昔乎今尓為由縁毛哉」と書かれており、両者が似ている箇所もある。

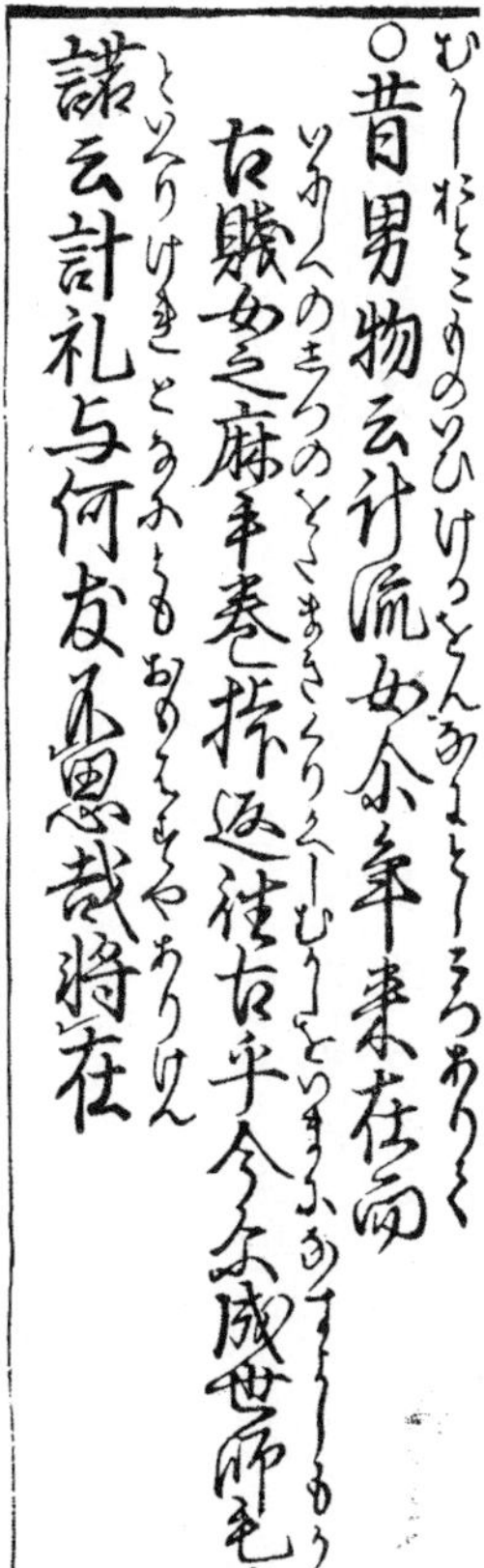
○昔男物云計流女尓年来在両
古賤女之麻手巻捽返往古乎今尓成世師毛哉
諸云計礼与何友不思哉将在

図7

しかしいずれにしても振仮名が付いていなければおそらく読めない。「イニシエ」が漢字「古」で、「ムカシ」が漢字「往古」で書かれているぐらいはまあまあ読めたとしても、全体としてみれば、なかなか読みときがたい。その一方で、「ムカシヲイマニナスヨシモガナ」では助詞「ヲ」「ニ」にもちゃんと漢字「乎」「尒」があてられており、結局日本語をそのままの語順で漢字に置きかえていったようにみえる。

このように漢字ばかりで書かれている本を特に「真名《まな》(真字)本《ぼん》」と総称することがあるが、「真名本」は「漢字で書きたい！」という気持ちのもっともはっきりとした表われと位置づけることができるかもしれない。「真名本」にはこの『真名伊勢物語』の他に『方丈記』や『平家物語』(熱田《あつた》本《ぼん》・平松家《ひらまつけ》本《ぼん》)や『徒然草』もある。

草双紙《くさぞうし》にも振仮名

次は江戸期にひろく読まれていたと思われる草双紙に目を転じてみよう。

図8は文政一二(一八二九)年に、その六編までが出版された山東京山《さんとうきょうざん》(一七六九〜一八五八)の『稗史水滸伝《よみほんすいこでん》』(全二〇編)の第三編上巻の七丁裏にあたる箇所である。山東京山は山東京伝の弟。図には架蔵本を使用したが、しばらく油断している間に虫損が進

んでしまい、やや見苦しいけれども、「金老　きんらう」「魯達　ろたつ」の絵の上部には「なんぢ、にくをあきのふ身として、鎮関西《ちんくはんせい》といふ、大そふなるあだ名をよばせるのみならず、もつぱら人をあざむきて、金翠蓮《きんすいれん》おや子をくるしめたる天罰《てんばつ》おもひしらせんと、鉄石《てつせき》のごときにぎりこぶしを、ふりあげ、はなのうへをちからにまかせてうちければ、はなは、かたへにゆがみけり」とある。この場面は、もともとの『水滸伝』(一〇〇回本)では第三回にあたる箇所で、魯達、後の花和尚魯智深《かおしょうろちしん》が、「鎮関西《ちんかんせい》」とあだ名される肉屋の鄭《てい》を殴り殺す有名な場面にあたる。

この『稗史水滸伝』は第七編から作者が柳亭種彦《りゅうていたねひこ》(一七八三〜一八四二)に交代するが、それにともなって書名も『国字水滸伝《かながきすいこでん》』と改められた。『稗史水滸伝』にしても『国字水滸伝』にしても、各頁のかなりの部分を挿絵が占め、その挿絵のまわりを図8のように、ほとんど平仮名の文が埋めて、挿絵と文章とが密接にかかわりながら筋が展開する様式をとる「草双紙」とよばれる絵解き小説版本である。改題された『国字水滸伝』は、「国字《かながき》」を書名にするだけあって、それをより鮮明に打ちだしている。

「草双紙」ではそもそも平仮名書きが求められているのだから、振仮名を付けてまで漢字で書く必要はない。「鎮関西」や「金翠蓮」のような固有名詞は突然仮名書き

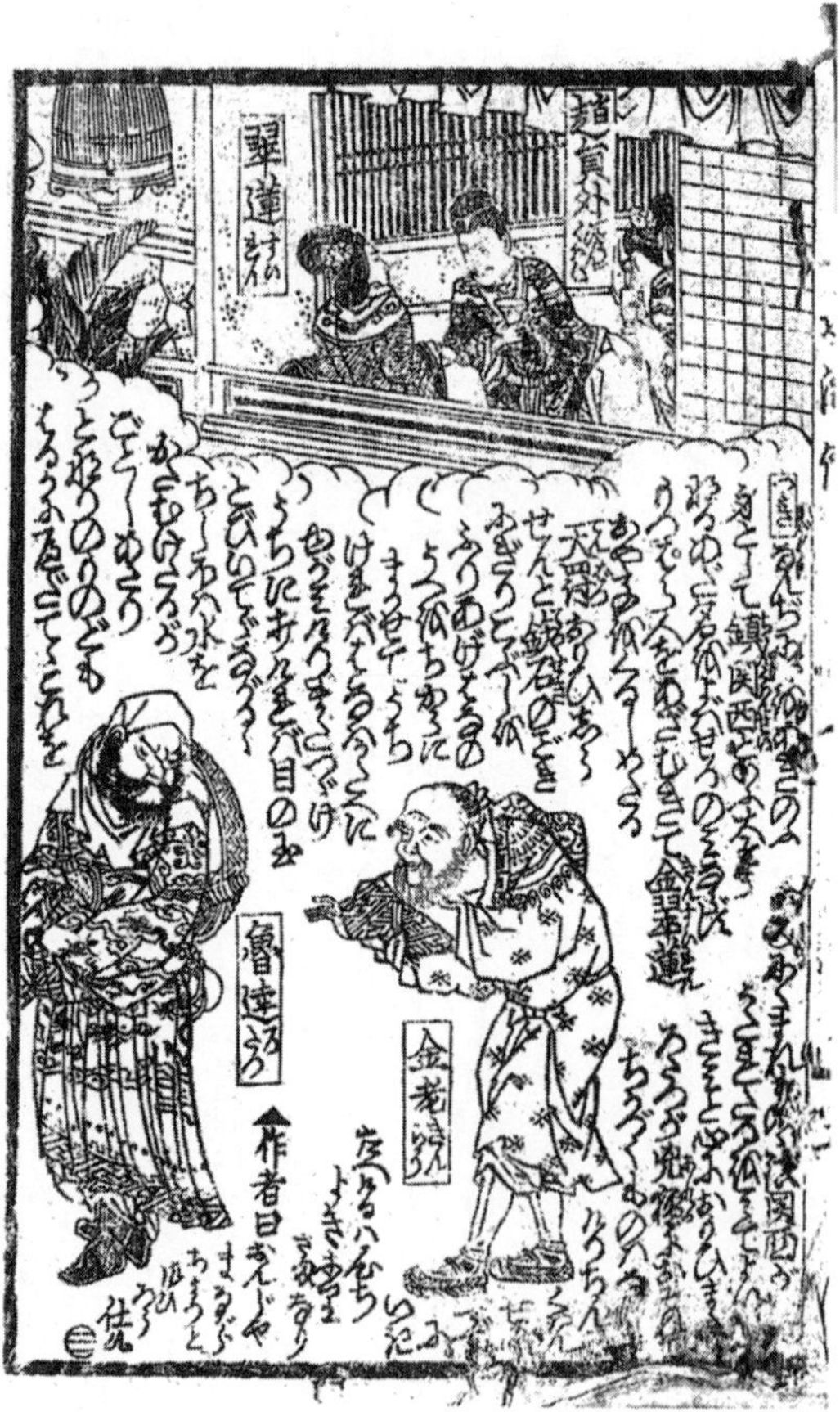

図8

されるとなんのことだかわかりにくいので、これはしかたがないとしても、「テンバツ」や「テッセキ」のような漢語はそうしようと思えば平仮名で書くこともできるし、それではわかりにくいということであれば、このような漢語を使わないこともできる。しかし、そうはしないで、漢語を使い、それを漢字で書き、振仮名を付けた。やはり「漢字で書きたい！」のだ。よくみると「金老」の挿絵の右側には「兇猛《あれる》におそれて」とある。これは平仮名だけで「あれるにおそれて」と書けばよい。「草双紙」であっても、和語「アレル」をわざわざ漢字で「兇猛」と書いているところに日本語を「漢字で書く」という志向の潜在的なつよさが窺われる。

どうしても振仮名

もう一つ例をみてみよう。

さきにふれた『国字水滸伝』は「国字《かながき》」を謳ったために、『稗史水滸伝』のように漢字に振仮名を付けた箇所はほとんどなくなり、平仮名書きがより徹底している。そして、漢字に振仮名を付けるのではなく、「火葬　くわさう」「少年　せうねん」と、漢字の直下に二行に割書《わりが》きをして振仮名にあたるものを置くという形式をとっている。

これらの漢語はどうしても漢字で書かなければならないのだろうか。

たとえば、第一八編の上下、第一九編の上下をみていくと、人名、地名などの固有名詞以外では、「垣　かき」「犬　いぬ」「官人　くわんじん(＝カンジン)」「壽衣　じゆい」「青年　わかもの」「風雨　ふうう」「ぶん書　しよ」「大石　たいせき」「行者　ぎようじや」「道人　だうじん(＝ドウジン)」「谷川　たにがは(＝タニガワ)」「豪家　がうか(＝ゴウカ)」「初更　しよかう(＝ショコウ)」「山寨　さんさい」「仁人　じんじん」「好色　こうしよく」「大王廟　だいわうべう(＝ダイオウビョウ)」「同姓　どうせい」などの例をみいだすことができる。なぜ「垣」や「犬」などをわざわざ漢字で書くのか。あるいは「ぶん書」と交ぜ書きにする必要があるのだろうか。そしてなにより「青年　わかもの」は、「わかもの」と平仮名で書けばすむ。このような例の存在をみると、やはり「漢字で書きたい！」という志向は相当につよいものであると思われる。

譃字《うそじ》にも振仮名

平安時代の漢詩人、歌人で書にも秀でていた小野篁《おののたかむら》（八〇二〜八五二）の名前を書名にとりこんだ『小野篁歌字尽《うたじづくし》』という一書がある。近世初期から幕末までさまざまなかたちで出版されつづけ、現在残っているものも多い。

手習いを始めた子供が漢字を覚えるための教科書のような体裁をしており、**図9**のように、漢字四〜五字をひとまとまりにして、各々の漢字の右側には右振仮名としてそれらの漢字の「読み」を付け、左側にはそれらの漢字を覚えるための和歌を添えてある。**図9**は冒頭の「春《はる》つばき、夏《なつ》はゑのきに秋《あき》ひさぎ、冬《ふゆ》はひらぎに同《おなじく》はきり」「百《ひやく》はかや、白《しろき》はかしわ、公《きみ》はまつ久《ひさしき》はすぎ、會《あふ》はひのきよ」の箇所であるが、わかりやすい和歌を通して漢字を覚えることができるようになっている。「ヒラギ」は現在の「ヒイラギ」のこと。

字形が紛れやすい「巳(音シ／訓み)」「己(音キ・コ／訓おのれ)」「已(音イ／訓すでに・やむ・のみ)」の三字に関しては現在でも「みは上に、おのれつちのと下につき、すでにやむのみ中程につく」や「キコの声、おのれつちのと下につき、イすでに半ば、シみはみなつく」などの和歌調の覚え方があるが、本書では「すでにかみ、おのれはしもにつきにけり。みはみなはなれ、つちはみなつく」となっていて、「みはみなはなれ、つちはみなつく」をどう考えればよいのかということはあるが、和歌に

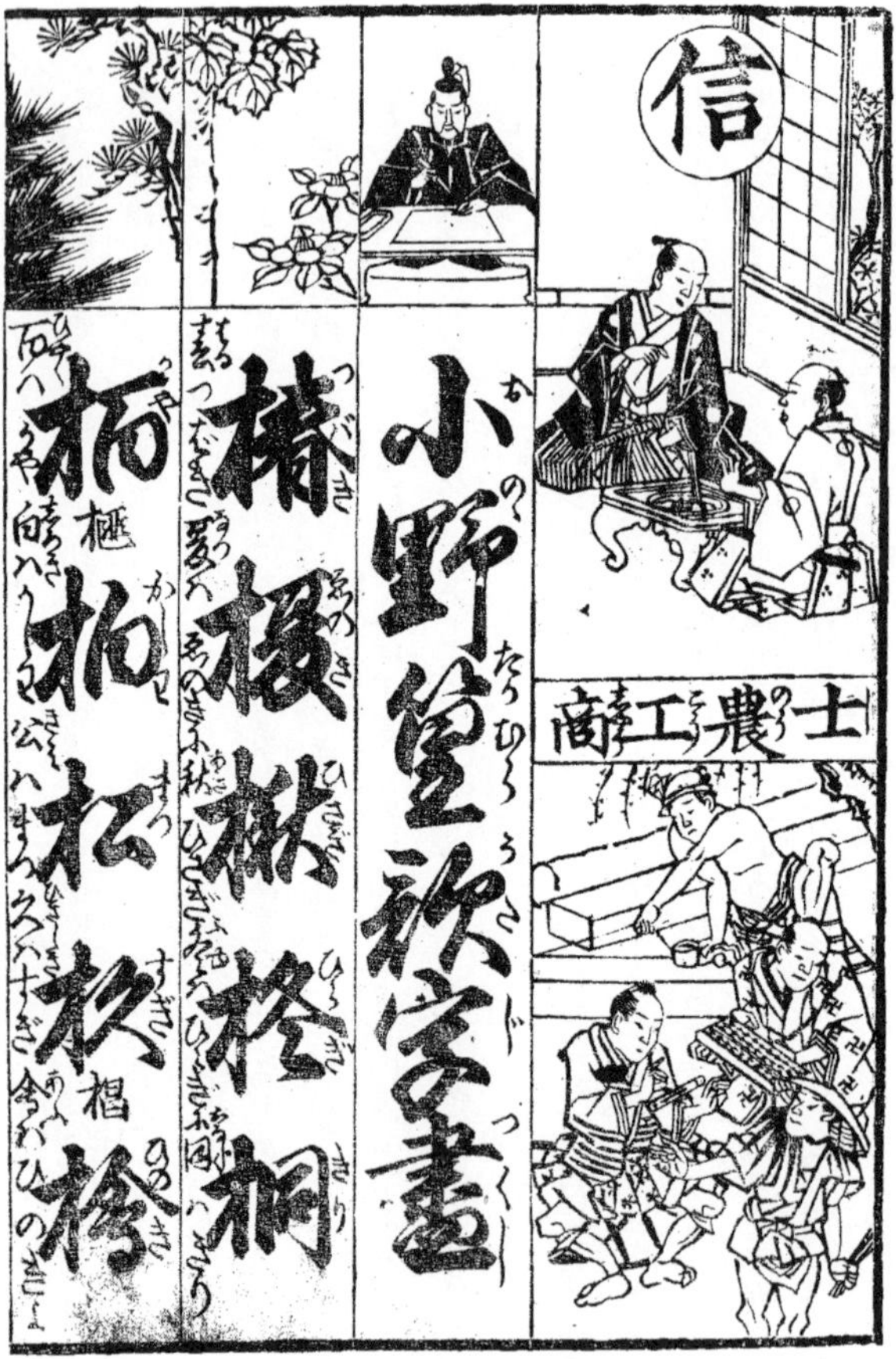

図9

よって漢字を覚えるという「方法」が江戸期にすでにあったことがわかる。

この『小野篁歌字尽』のパロディである『小野憃譃字尽《おののばかむらうそじづくし》』という滑稽《こっけい》本が、『浮世風呂』『浮世床』でよく知られている戯作者、式亭三馬《しきていさんば》（一七七六〜一八二二）によって文化三（一八〇六）年に出版されている。

この本の冒頭を図10に示したが、「春・夏・秋・冬・暮」の各々に人偏《にんべん》を付け、「春《はる》うはき（浮気）、夏《なつ》はげんき（元気）で秋《あき》ふさ（鬱）ぎ。冬《ふゆ》はいんき（陰気）で、暮《くれ》はまごつき」ともじる。また次の図11では「人」を組みあわせて「つきあたる」「ひとごみ」「けんくは（喧嘩）」「ちうにん（仲人＝仲裁役）」の四つの譃漢字をつくり、「人と人つきあたる也ひとごみでけんくはこうろん中《なか》がちうにん」という和歌を添える。振仮名は漢字だけでなく、実際にない文字であっても付けることができるのであり、結局どんな文字にも付けることができる。

アルファベットにも振仮名

嘉永七（一八五四）年には、フランス語研究の先駆者とされる村上英俊《むらかみひでとし》（一八一一〜一八九〇）によって、フランス語、英語、オランダ語の三語に日本語を併記した単語集

図 10

図 11

『三語便覧《さんごべんらん》』(図12)が出版される。嘉永七年は、ペリーが浦賀に来航した翌年にあたる。この年の一一月二七日には改元され安政元年となるが、それに先立つ三月には鎖国を破る最初の外国との条約となる「日米和親条約(神奈川条約)」が調印され、日本の状況も大きくかわりはじめている。

図12は初中終三巻仕立ての初巻の「人品門」の冒頭箇所である。最上段には見出し語が置かれ、続いて「仏蘭西語」「英傑列語」「和蘭語」が各欄に示される。初巻の一番初めの頁ではそれぞれに「フランスコトバ」「エゲレスコトバ」「ヲランタコトバ」と片仮名で右振仮名が付けられている。

たとえば第三番目に「賓客《ヲキヤク》」という見出し語があるが、この語は「仏蘭西語」では「confie《コンヒー》」、「英傑列語」では「guest《ギユースト》」、「和蘭語」では「gast《ガスト》」ということになる。各国語の欄でアルファベットの右には「発音」が振仮名として付けられている。

ところで見出し語「賓客《ヲキヤク》」はいささか複雑にみえる。日本語と仏英蘭、三ヶ国語との対訳辞典なのだから、見出し語は「ヲキヤク」と片仮名で書いてもいいし、「お客」とごく当たり前に書いてもよいのであるが、例によってどうしても漢字で書きたいので、まず日本語「オキャク」をどう漢字に置きかえるかが問題になる。その際にこの

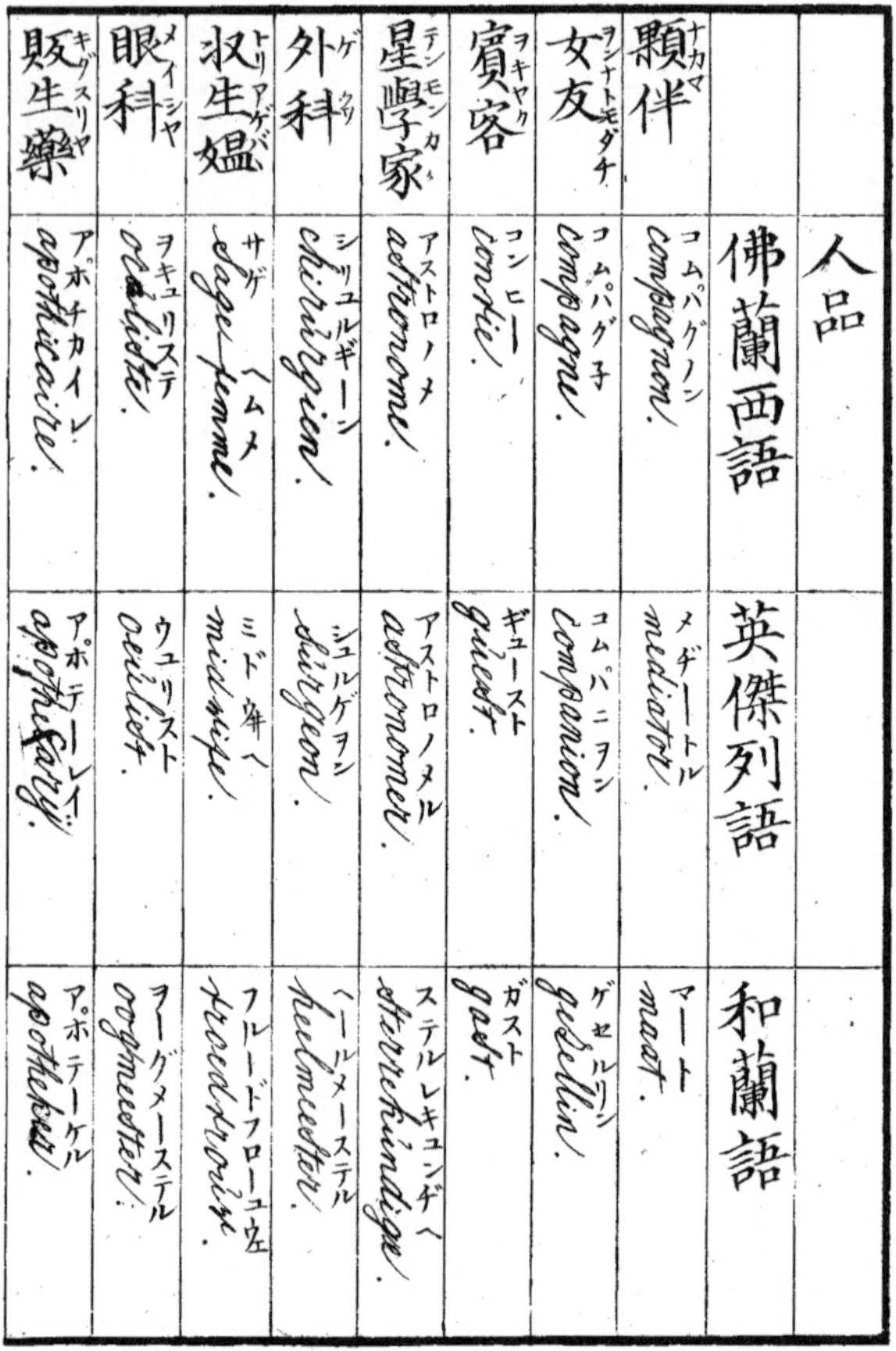

人品	佛蘭西語	英傑列語	和蘭語
類伴《ナカマ》	compagnon《コムパグノン》.	mediator《メヂートル》.	maat《マート》.
女友《ヲンナトモダチ》	compagne《コムパグ子》.	companion《コムパニヲン》.	gezellin《ゲセルリン》.
賓客《ヲキヤク》	convie《コンヒー》.	guest《ギユースト》.	gast《ガスト》.
星學家《テンモンカ》	astronome《アストロノメ》.	astronomer《アストロノメル》.	sterrekundige《ステルレキユンゲヘ》.
外科《ゲクワ》	chirurgien《シツユルギーン》.	surgeon《シユルゲヲン》.	heelmeester《ヘールメーステル》.
収生媼《トリアゲババ》	sage femme《サゲヘムメ》.	midwife《ミドワイヘ》.	vroedvrouw《フルードフローユ》.
眼科《メイシヤ》	oculiste《ヲキユリステ》.	oculist《ウユリスト》.	oogmeester《ヲーグメーステル》.
販生藥《キグスリヤ》	apothicaire《アポチカイレ》.	apothecary《アポテーレイ》.	apotheker《アポテーケル》.

図 12

見出し語では、漢語＝中国語「ヒンキャク」にあてられる漢字「賓客」をわざわざ選んで、それに「ヲキヤク」と振仮名を付けた、という順番になるだろうから「複雑にみえる」と述べた。

第六番目の見出し語である「収生媼《トリアゲババ》」は振仮名となっている「トリアゲババ」も漢字「収生媼」も、ともに現在では馴染《なじ》みがない。「英傑列語」である「midwife」を現在の英和辞典でひいてみると、そこには「助産婦、産婆」とある。本章第二節でふれた『雑字類編』（一〇〇頁参照）にあたってみると、「卜部」の「人品門」に「収生媼。――婆。――媼。坐婆。生―。穏―。穏媼。蓐母。助産」とあって、「トリアゲババ」を書きあらわす漢字としては「収生媼・収生婆・収生媼・坐婆・生婆・穏婆・穏媼・蓐母・助産」などが江戸期にはあったことがわかるが、この第一番目に「収生媼」が置かれている。

ここまで江戸期の振仮名を観察してきた。日本語を「漢字で書きたい！」という志向、欲求は顕在的にも潜在的にも、なおつよくあり、それにともなって振仮名もさまざまな様相をみせている。「読みとしての振仮名」は当然存在しているが、「表現としての振仮名」が「読本」を例として示したように、「開花」した時期でもある。

社会情勢の変化とともに、日本語のあり方も変化を遂げ、幕末期にはアルファベットに振仮名を付けた文献が現われるにいたる。次章では、このような江戸期に続く明治期が振仮名をどのように使いこなしていったのか、できるかぎり現代を対照させながら観察してみたい。

第四章　明治期の振仮名

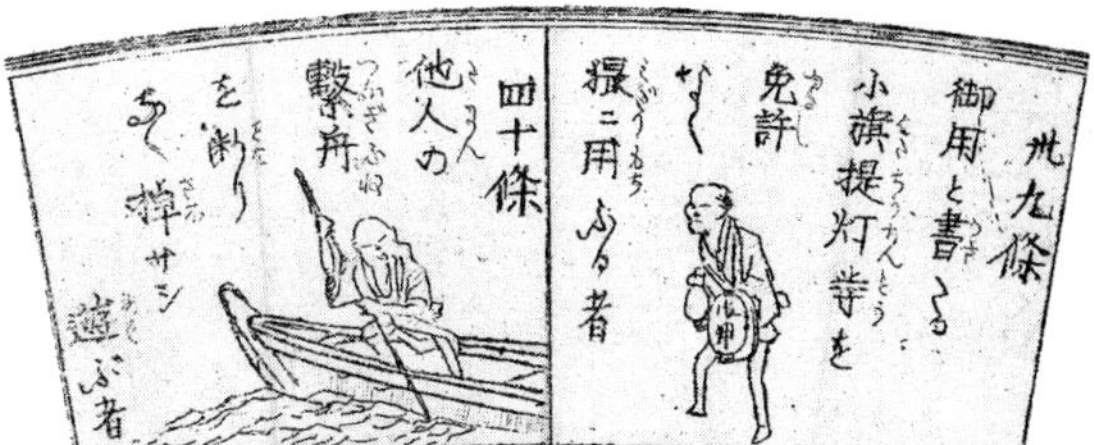

『違式詿違条例』(部分)

148頁で触れた『違式詿違条例』が絵入りで扇形に銅版印刷されたもの．振仮名も施されている．明治はこういう時代であった．

明治期にはさまざまな印刷物がさまざまな目的でつくられている。その目的に応じて、どのように振仮名が付けられるかも異なる。本章では、「新聞」「布告類」「翻訳小説」をとりあげて、それらにどのように振仮名が付けられ、どのような機能をはたしているのかについてみていきたい。また夏目漱石もあわせてとりあげてみた。

第一節　新聞の振仮名

大《おお》新聞と小《こ》新聞

「征韓論」に敗れ、参議を辞職して野《や》に下っていた板垣退助、後藤象二郎《しょうじろう》、江藤新《しん》平《ぺい》、副島種臣《そえじまたねおみ》らが、立法府である左院に提出しようとしていた「民撰議院設立建白書」が、明治七(一八七四)年一月に、週刊紙『ジャパン・ヘラルド』の主筆であったJ・R・ブラック(John Reddie Black)の経営する『日新真事誌』(明治五年三月創刊)に全文公表されてから、政治と新聞とはこれまで以上に密接なかかわりをもっていくことになる。

　これを契機として、東京で発刊されていた、駅逓寮《えきていりょう》長官前島密《まえじまひそか》の支援を受けていた小西義敬の『郵便報知新聞』(明治五年六月創刊)、明治五(一八七二)年一一月発刊の『公《こう》文通誌《ぶんつうし》』を明治七年に改題し、成島柳北《なるしまりゅうほく》を社長に迎えた『朝野《ちょうや》新聞』、明治四年五月発刊の『新聞雑誌』を前身とする『東京曙新聞』(明治八年六月創刊)などは、反政府的な姿勢を明確にした民権派の政論新聞としての性格を鮮明にしていくことになる。

　一方、条野伝平《じょうのでんぺい》(山々亭有人《さんさんていありんど》)、西田伝助、落合芳幾《おちあいよしいく》(浮世絵師一恵斎芳幾《いっけいさいよしいく》)らの『東京日日新聞』(明治五年二月創刊)は、明治七年一二月に福地源一郎(桜痴《おうち》)を主筆に迎え、政府の立場寄りに言論を展開させた「官権派」の政論新聞であり、福地が入社する以前から岸田吟香《ぎんこう》がいた。この四紙は東都四大新聞とよばれることがあったが、いずれも「大新聞」にあたる。『東京日日新聞』は現在は『毎日新聞』、『郵便報知新聞』は『報知新聞』となっている。ちなみにいえば、条野伝平は日本画家鏑木清方《かぶらききよかた》(一八七八〜一九七二)の実父である。

　成島柳北が『朝野新聞』入社早々に打ちだした改革は、『公文通誌』がもっていた

「小新聞」の先駆的な要素を払拭するために、まず振仮名を廃することによって政論新聞、「大新聞」としての姿勢を明らかにすることであったという。つまり振仮名の有無が「大新聞」と「小新聞」とを分けていたといってもよいことになる。

明治七、八年になると、さきに述べた「大新聞」に対して、大衆的な読者を享受者層として設定した、『読売新聞』(明治七年一一月創刊)、『平仮名《ひらがな》絵《え》入《いり》新聞』『仮名《かな》読《よみ》新聞』などの「小新聞」が発刊されるようになってくる。これら小新聞においてはほとんどすべての漢字に振仮名が付けられている。

ルビってなに?

ここで振仮名と関連して活字のことを少し述べておきたい。

振仮名のことを「ルビ」とよぶことがある。これは英語「ruby」からきている。英米においては、次に掲げるように、それぞれの大きさの活字に愛称のような名称が付けられていた。一番下の欄には実際の活字の大きさを「新聞」の二文字を使って、現在のポイントで表示してみた。

現在、欧文の印刷において基準となっている「パイカ」(一二ポイント)は教会の「典

Double Pica	ダブルパイカ	24ポイント	新聞
Double Small Pica	ダブルスモールパイカ	22ポイント	
Paragon	パラゴン(典範)	20ポイント	新聞
Two-line Brevier	トゥーラインブレビア	16ポイント	新聞
Three-line Diamond	スリーラインダイアモンド	13・5ポイント	
Pica	パイカ(典式規則書)	12ポイント	新聞
Small Pica	スモールパイカ	11ポイント	
Long primer	ロングプリマー	10ポイント	新聞
Brevier	ブレビア(聖務日課書)	8ポイント	新聞
Ruby	ルビー	5・5ポイント	
Pearl	パール(真珠)	5ポイント	新聞
Diamond	ダイヤモンド	4・5ポイント	

式規則書」という意味をもつ。パラゴンは「典範」のことでもあるし、一〇〇カラット以上の完全無傷の大きなダイヤモンドのことでもある。

またプリマーには「初級読本」という意味もあるが、宗教改革以前に一般人用につくられた「小祈禱書《しょうきとうしょ》」も意味する。ブレビアは、ローマカトリック以外の教会で日々の祈りや聖書の抜粋などを編集した「祈禱書」のことであり、ローマカトリックで「聖務日課書」のことをさすbreviaryの印刷に用いられたことに由来する。

平成七(一九九五)年一月七日に逝去した言語学者・日本語学者の亀井孝が「圏外の精神」とよんで讃えた言語学者フーゴ・シュハート(シューハルト、Hugo Schuchardt 一八四二～一九二七)の文章の抄録集に『Brevier』と題された一書がある。亀井孝はその論文「圏外の精神　フーゴ・シュハート」(『亀井孝論文集　一』一九七一年、吉川弘文館刊)の中で、シュハートのこの一書のことを「Brevierの体裁にのっとって小がらな袖珍本《しゅうちん》、その活字もBrevier独特のおもむきをもってこまかい」(二八二頁)と述べている。亀井孝は今、鎌倉瑞泉寺に眠る。

さて、ルビー、パール、ダイヤモンドは宝石の名称であるが、この「ruby」が約五・五ポイントにあたる活字の大きさを表わすよび名で、日本では、和文本文用の大きさとして使われていた五号活字(約一〇・五ポイント)の振仮名用として使用された小型活字(七号＝五・二五ポイント相当)がこの「ruby」の大きさにちかかったので、日本の振仮名用活字をルビーとよぶようになり、そこから転じて振仮名そのものを「ルビ」とよぶようになった。

活字の大きさ――「ポイント」の歴史

実はこの「ポイント」にも歴史がある。活字の大きさのポイント制を最初に考えたのは、フランスのピエール・シモン・フールニエ(Pierre Simon Fournier　一七一二〜一七六八)で、一七三七年に、当時フランスで基本的な活字として使われていた「シセロ(Cicero)」(一二ポイント)を基準として、その一ポイントを〇・〇一三七三インチ(〇・三四八七ミリメートル)としたが、基準としたシセロ活字の鋳造所を明示しなかったり、ポイントを図示した際のスケールが不正確であったりとさまざまに不明瞭な点があったと指摘されている。

そこで、一七七〇年頃やはりフランスのフランソワ・アンブロワーズ・ディドー(François Ambroise Didot　一七三〇〜一八〇四)が、フランス常用尺の七二分の一インチ

＝〇・三七五九ミリメートルを一ポイントとする「ディドー式ポイント制」を提案した。

アメリカでは一八八六年に全米の活字鋳造業者が集会を開き、フィラデルフィアにあったジョルダン社(Mackellar Smiths & Jordan Co.)のつくったパイカ活字の一二分の一＝〇・〇一三八三七インチ＝〇・三五一四六ミリメートルを一ポイントとすることを決めた。イギリスも一九〇五年にこれを採用するが、これが「アングロ・アメリカンポイント制」である。一インチは二・五四センチメートルなので、正確に七二分の一インチであれば〇・三五二八ミリメートルになるが、この一ポイントは正確にそうはなっていないので、印刷関係の文献などで、「ほぼ七二分の一インチ」などと表現されることがあるが、「ほぼ」とはそういうことを意味している。ちなみに、現在のコンピュータ組み版システムのほとんどでは正確な七二分の一インチ(〇・三五二八ミリメートル)が採用されている。

ここまでを整理すると、

フールニエ式ポイント　〇・三四八七ミリメートル
ディドー式ポイント　〇・三七五九ミリメートル

アメリカ式ポイント　　　〇・三五一四六ミリメートル

の三つの「ポイント」があったことになる。

日本の活字

ヘボンの『和英語林集成』初版を印刷したのは上海の「美華書館」であるが、この「美華書館」の五代目館長がウィリアム・ガンブル(William Gamble　?〜一八八六)であった。ガンブルは明治二(一八六九)年一一月から四ヶ月間にわたって、長崎製鉄所付属の活版伝習所で、活字印刷にかかわる講習をおこない、日本の活版印刷の祖と仰がれる本木昌造(一八二四〜一八七五)を初めとする活版伝習所生たちは、このガンブルの講習によって洋式近代活版術を学ぶことになる。

ガンブルの講習を受けた人々は、後に二派に分かれる。一派は本木昌造の「新町活版所」に行き、もう一派は長崎製鉄所に残る。この長崎製鉄所の一派は後に東京に移って、工部省勧工寮活字局となり、官業活版の基となる。この勧工寮活字局は名称を次々と変更し、昭和二七(一九五二)年八月には「大蔵省印刷局」となり、平成一五(二〇〇三)年四月には「独立行政法人国立印刷局」となる。一方、「新町活版所」も後に東京に進出し、「長崎新塾出張活版製造所」「平野活版所」「平野活版製造所」「築地活版所」「築地活版製造所」「有限責任東京築地活版製造所」「株式会社東京築地活版製造所」と名称をかえていく。

小宮山博史は「明朝体、日本への伝播と改刻」(印刷史研究会編『本と活字の歴史事典』二〇〇〇年、柏書房刊、所収)において、上海美華書館の印刷物の活字と、本木昌造の崎陽新塾活字製造所の活字見本、具体的には、明治五(一八七二)年二月に刊行された『新街私塾余談』に掲載された活字見本(初号〜五号までの六サイズ八種類)および、明治五年一〇月に刊行された『新聞雑誌』第六六号付録に別刷りでさしこまれた「崎陽新塾製造活字目録」(初号〜五号＋七号振仮名の七サイズ九種類、ともに三号だけには明朝体の他に楷書体と行書体の二書体がある)掲載の活字(**図13**)との比較から、「崎陽新塾の活字は、ガンブルの持ってきた活字を種字として使い、蠟型《ろうがた》電胎法で複製したものと言ってよい」(三一二頁上段)と述べ、さらに「美華書館の活字サイズは、フールニエ・ポイントに準拠したものを使っていたと考えられる」(三三六頁下段)と述べている。ということは日本の活字は、初めは(結果的に)フールニエ式ポイントによっていたことになる。ただし、**図13**をみればわかるが、初期の活字見本が「初号」「一号」

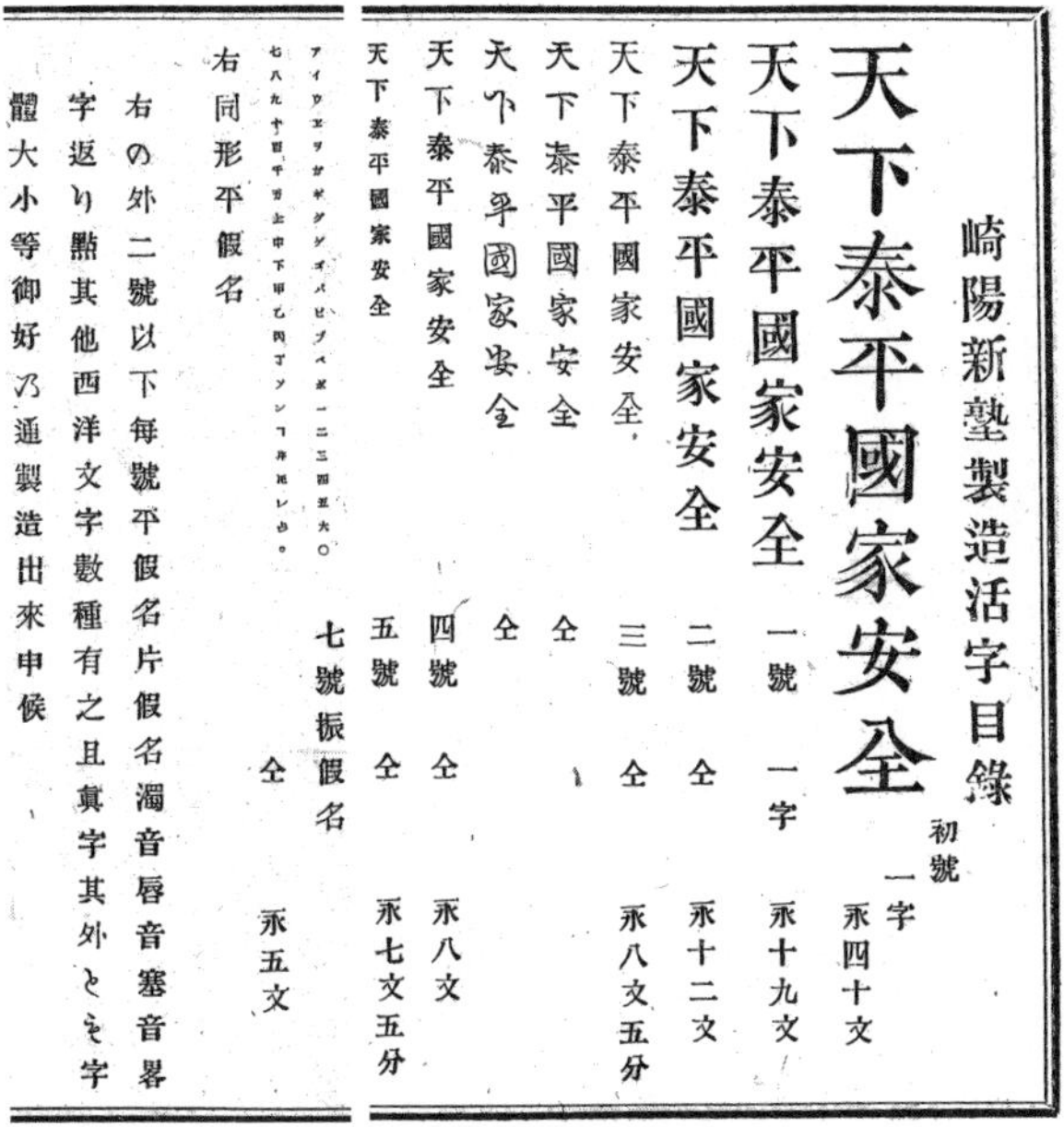

崎陽新塾製造活字目録

天下泰平國家安全　初號　一字　永四十文

天下泰平國家安全　一號　一字　永十九文

天下泰平國家安全　二號　仝　永十二文

天下泰平國家安全　三號　仝　永八文五分

天下泰平國家安全　仝

天下泰平國家安全　仝

天下泰平國家安全　四號　仝　永八文

天下泰平國家安全　五號　仝　永七文五分

アイウエヲカギグゲゴパピプペポ一二三四五六〇七八九十百千万上中下甲乙丙丁ゾン丁井ヰレゟ。　七號振假名　仝　永五文

右同形平假名

右の外二號以下毎號平假名片假名濁音唇音塞音畧字返り點其他西洋文字數種有之且眞字其外とゝ字體大小等御好乃通製造出來申候

図13

のように、「号」をあたかも活字サイズと思われるような表示をしたために、日本では「号数」によって活字の大きさを表示することもおこなわれていく。

ポイント・号・級

明治二七(一八九四)年には東京築地活版製造所がアメリカ式ポイントで活字をつくり、その後明治四四(一九一一)年には大日本印刷の前身である秀英舎もポイント活字をつくったため、日本の活字サイズは号数制とポイント制の二本立てとなっていく。アメリカ式ポイントと号数の対応は次のようになる。

初号	四二ポイント	一四・七六一ミリメートル
一号	二六・二五ポイント	九・二二六ミリメートル
二号	二一ポイント	七・三八一ミリメートル
三号	一六ポイント	五・六二三ミリメートル
四号	一三・一二ポイント	四・六一一ミリメートル
五号	一〇・五〇ポイント	三・六九〇ミリメートル

六号　八ポイント　二・八一二ミリメートル
七号　五・二五ポイント　一・八四五ミリメートル

これにさらに写真植字(写植)におけるサイズである「級」(「Q」と表示されることが少なくない)が加わるので、日本における活字のサイズはきわめて複雑にみえる。一級＝〇・二五ミリメートルと規定されており、インチに基づくポイント制のようにヤード＝ポンド法ではなくて、メートル法に基づく単位系として設定されている。

ところで、筆者は「北野真弓」という名前で、ペヨトル工房(一九七九〜二〇〇〇年まで活動)が出版していた『夜想』という雑誌の編集の手伝いめいたことを少しの間していた。そのため『夜想』第六号「アルトー、上演を生きた男」(一九八二年五月刊)までは編集欄に「北野真弓」とある。当時は印刷のことなどまったく知らないままに手伝いをしていたので、字のサイズの単位がいろいろとあることに困ったが、現在装幀のデザイナーなどとしてよく知られているミルキィ・イソベが電卓を片手に「ポイント・号・級」の換算を鮮やかにしていたことが記憶にある。

現在コンピュータで文字を表示する際にフォントサイズの一〇・五ポイントがデフ

ォルト（標準動作条件）となっているものがあるが、これは五号ということになる。

『絵入自由新聞』の振仮名

次頁には明治二一（一八八八）年七月一三日の『絵入自由新聞』第一六〇九号の「官令」（上段）および「社説」（下段）の欄を図14として掲げたが、このように、すべての漢字に振仮名を付けるやり方を「総ルビ」、一部の漢字にのみ振仮名を付けるやり方を「パラルビ」とよぶ。

漢数字を除くほとんどすべての漢字に振仮名が付けられていることがわかる。漢数字は振仮名を付けなくてもわかる、というのが明治期までに形成された認識であったのか、このやり方は当期にひろくみられる。ほとんどの振仮名が、その漢字の「音」や「訓」にあたるもので、「読みとしての振仮名」が付けられていることがわかる。

このことを、「日本語を漢字で書く」という側から考えてみれば、いわば素直な書き方がされていて、あまりかわった、「凝った」書き方はとられていないということになる。『絵入自由新聞』はさきにふれた「小新聞」であり、不特定多数の読者にわかりやすいということから「総ルビ」にしているのであって、そのことからすれば、

明治廿一年七月十三日　（舊暦六月

官令

●勅令

朕《ちん》輸出《ゆしゆつ》酒類《しゆるゐ》戻税《れいぜい》規則《きそく》を裁可《さいか》し茲《こゝ》に之《これ》を公布《こうふ》せしむ

御名　御璽

明治二十一年七月十一日

内閣總理大臣伯爵黒田清隆

大藏　大臣伯爵松方正義

勅令第五十四號

輸出《ゆしゆつ》酒類《しゆるゐ》戻税《れいぜい》規則《きそく》

第《だい》一條《でう》　内國《ないこく》に於《おい》て造石税《ざうこくぜい》を賦課《ふくわ》したる酒類《しゆるゐ》を外國《ぐわいこく》に輸出《ゆしゆつ》するときは輸出港税關《ゆしゆつかうぜいくわん》の檢査《けんさ》を受《う》け置輸《おきゆ》入港税關《にふかうぜいくわん》を通過《つうくわ》したる證憑《しようひやう》を得《え》て之《これ》を輸出港税《ゆしゆつかうぜい》關《くわん》に差出《さしだ》し造石税《ざうこくぜい》の下戻《さげもどし》を請《こ》ふことを得《う》但其證《たゞしそのしよう》憑《ひやう》を得《え》たる後《のち》滿《まん》三箇年《かねん》以内《いない》に差出《さしだ》さゝる者《もの》は其効《そのかう》力《りよく》を失《うしな》ふへし○第二條　造石税《ざうこくぜい》の下戻《さげもどし》を受《う》けたる酒類《しゆるゐ》を本邦《ほんぱう》に輸入《ゆにふ》したるときは輸入港税關《ゆにふかうぜいくわん》の檢査《けんさ》を受《う》け陸揚《りくあげ》の際其戻税《さいそのれいぜい》は之《これ》を還付《くわんぷ》すへし○第三條　本《ほん》則《そく》施行《しかう》の細則《さいそく》は大藏大臣《おほくらだいじん》之《これ》を定《さだ》む○第四條　本則《ほんそく》は明治《めいぢ》二十一年《ねん》九月一日より施行《しかう》す

（本年七月十二日官報）

らんか

谷烏尾《たにとりを》の二中將《ちうじやう》は先頃《さきごろ》よりして日本主義《にっぽんしゆぎ》の新聞紙《しんぶんし》を創立《さうりつ》し東京電報《とうきやうでんぽう》の題號《だいがう》の下《した》に頻《しき》りにその主義《しゆぎ》を吹聽《ふいちやう》せらる近頃谷中將《ちかごろたにちうじやう》は其故郷高知《そのこきやうかうち》へ旅行《りよかう》せらるゝ噂《うは》さあり此行《このかう》は固《もと》より政治上《せいぢじやう》の擧動《きよどう》に非《あら》ざるべきも必《かな》らずや間接《かんせつ》には新年《しんねん》の準備《じゆんび》もその中《うち》に含《がん》蓄《ちく》する事《こと》ならん久《ひさ》しく閑野《かんや》に寄言《きげん》を弄《ろう》し時々《じゞ》諷刺《ふうし》の意《い》を公《とう》にせられし勝伯《かつはく》は樞密院《すうみつゐん》に入《い》りてより後《のち》は隨分活潑《ずゐぶんくわつぱつ》に議論《ぎろん》をせらるゝ由《よし》東京日々新聞《とうきやうにち〳〵しんぶん》は何等《なんら》の都合《つがふ》にや從來《じうらい》の社長福知源一郎氏《しやちやうふくちげんいちらうし》は病《やまひ》と稱《しよう》して其任《そのにん》を辭《じ》し關直彦氏《せきなをひこし》が代《かは》つて社長《しやちやう》となられたり而《しか》して最《もつと》も意外《いぐわい》なるは右《みぎ》の更迭《かうてつ》と共《とも》に日々新聞《にち〳〵しんぶん》の主義《しゆぎ》が變《へん》じ從前《じうぜん》は何《なん》でも蚊《か》でも御味方主義《おみかたしゆぎ》なりしに今回《こんくわい》は不偏不黨中正主義《ふへんふたうちうせいしゆぎ》とか云《い》ふものなる由《よし》にて政府《せいふ》の事《こと》と民間《みんかん》の事《こと》とに論《ろん》なく善《ぜん》と思《おも》ふものは贊成《さんせい》し惡《あく》と思《おも》ふものは非責《ひせき》する見込《みこみ》なりと云《いふ》眼を各地《かくち》の方《はう》へ一轉《てん》すれば近頃《ちかごろ》は各種《かくしゆ》の懇親會《こんしんくわい》殊《こと》の外《ほか》多《おほ》く其景況《そのけいきやう》を傳聞《でんぶん》するに決《けつ》して新聞紙上《しんぶんしじやう》の廣《くわう》告《こく》[illegible]

図14

使用する語の選択、書き方の選択も同時におこなわれていることはむしろ当然といってよいだろう。

「総ルビ」はその新聞の「方針」であって、新聞に掲載された原稿の書き手すべてが自分の原稿を「総ルビ」にしているわけではないはずだ。となると、原稿の書き手ではない人物が振仮名を付けることがあることになる。第四節で述べるが、新聞に掲載された夏目漱石の作品の原稿には漱石が振仮名を付けている箇所もある。しかし、当然のことながらすべての漢字に振仮名を付けているわけではない。やはり漱石以外の人物が漱石の作品に振仮名を付けたことがある、とむしろわたしたちが承知しておかねばならない。

そこからすると、振仮名が書き手の意図通りに付けられるとは限らないということにもなる。しかしまたその一方で、振仮名を付けた人は、少なくとも書き手と同時代の人物であり、また言語運用能力が著しく低い人物ということも考えにくい。そうなると、仮に書き手の意図通りではなくても、その時代にまったく許容されない振仮名を付けるとも考えられない。したがって、もちろん誰が振仮名を付けたかが重要でないことはないが、そのことにあまり拘泥《こうでい》しすぎることもまたよくない。

さて、そのように考えて図14にみられる振仮名を「正しい」ものとみとめるとすると、「戻税《れいぜい》」「創立《さうりふ》」などは興味深い振仮名にみえる。

レイゼイとモドシゼイ

さて図14「官令」本文一行目には「戻税《れいぜい》」とある。漢字「戻」には「レイ」という音《おん》がみとめられているので「レイゼイ(戻税)」という語があってもよいことになる。しかし、現在最大規模の国語辞典と思われる『日本国語大辞典』(第二版、小学館刊)は「レイゼイ」を見出しとしていない。代わりにといってよいのかどうかわからないが、「モドシゼイ」という見出しが存在している。

そこに用例として掲げられているのが明治二一(一八八八)年の「輸出酒類戻税規則」、すなわち図14と同じ「勅令」であるが、『日本国語大辞典』には「造石税の下戻を受けたる酒類を我か国に輸入したるときは輸入港税関の検査を受け陸揚の際に戻税は之を還納すへし」とあって、傍線箇所は図14の文言と微妙に異なる。今そのことは追究しないことにして、ここにみられる「戻税」は「レイゼイ」という語であったのか、「モドシゼイ」という語であったのか。

このような法律用語は、国語辞典などにも収録されることが少なく、まだ個々の語についての調査も充分におこなわれているとはいえない。日本語の歴史が、おもに文学作品に使用された語の追跡を中心にして記述されてきたことによると考えるが、今後はひろくさまざまな文献に目を向けていく必要がある。ここでの「レイゼイ／モドシゼイ」も今後の課題ということにしたい。

さて、現在であれば、「ソウリツ」という語を「創立」と書く。しかしここでは「創立」に「さうりふ(＝ソウリュウ)」と振仮名が付けられている(図14下段三行目)。この「ソウリュウ」はどうみればよいのだろうか。

漢和辞典をひけばすぐわかるが、漢字「立」の音《おん》として「リュウ」はちゃんとみとめられている。現在では「コンリュウ(建立)」という語がある。むしろ「リツ」が「慣用音《かんようおん》」とされている。「慣用音」とは「漢音《かんおん》」や「呉音《ごおん》」などのような中国由来の音《おん》ではないが、日本で一般に使われるようになった音のことで、いわば幾分か正体不明な音ということである。したがって、「ソウリツ」よりも「ソウリュウ」の方が由緒正しいということもできる。

また拙書『文献から読み解く日本語の歴史【鳥瞰虫瞰】』(二〇〇五年、笠間書院刊)でもふれたが、現在「ドクリツ(独立)」と発音している語も「ドクリュウ」という語形がみられる。このようなことも漢字で「独立」と書いてあっただけでは、現代語で「ドクリツ」だから「ドクリツ」だろうと無意識に思ってしまうが、振仮名があることによって、その時期にどのような語形であったかがわかる。振仮名は日本語の歴史の追究にとってもありがたい存在といえる。

本文中でふれたものもあるが、本節の記述には、

小宮山博史・府川充男・小池和夫『真性活字中毒者読本』(二〇〇一年、柏書房刊)

印刷史研究会編『本と活字の歴史事典』(二〇〇〇年、柏書房刊)

『「活字文明開化―本木昌造が築いた近代」図録』(二〇〇三年、印刷博物館発行)

西野嘉章編『歴史の文字――記載・活字・活版』(一九九六年、東京大学総合研究博物館発行)

『日本の近代活字　本木昌造とその周辺』(二〇〇三年、近代印刷活字文化保存会発行)

府川充男撰輯『聚珍録』(二〇〇五年、三省堂刊)

を参照させていただいた。この分野のことがらに関しては定説をみていないことも少なくないと思われ、筆者の理解に基づく整理を試みたが、今後さらにいろいろな事実

が明らかになっていくことが期待できる分野でもある。

第二節　布告《ふこく》・布達《ふたつ》の振仮名

日本の「近代文学」がいつ頃成立したとみるのか、当然個々の研究者によってとらえ方、見方が異なるであろうが、それでも明治二〇(一八八七)年前後が一つの目安となるだろう。

坪内逍遥《つぼうちしょうよう》(一八五九〜一九三五)の『一読三歎当世書生気質《いちどくさんたんとうせいしょせいかたぎ》』が発表されたのが明治一八(一八八五)年六月から一九年一月にかけてで、二葉亭四迷《ふたばていしめい》(一八六四〜一九〇九)が『浮雲《うきぐも》』を発表したのが明治二〇年から二二年にかけてである。

森鷗外《おうがい》の『舞姫』は明治二三年に、夏目漱石の『吾輩《わがはい》は猫である』は明治三八(一九〇五)年に発表されており、鷗外、漱石によって明治期の日本語を観察しようとすると、その「明治期」は明治時代四四年間の後半にあたってしまうことになる。

辞書に目を移せば、物集高見《もずめたかみ》(一八四七〜一九二八)の『ことばのはやし』が刊行されたのが明治二一年、高橋五郎(一八五六〜一九三五)の『漢英対照いろは辞典』は明治二一年、本格的な近代国語辞書の嚆矢《こうし》とされる大槻文彦《おおつきふみひこ》（一八四七～一九二八）の『言海《げんかい》』が刊行を終えたのが明治二四年で、国語辞書もやはり明治二〇年以降になってようやく刊行がさかんになっていく。

一方、さきにとりあげた村上英俊の『三語便覧』（一一七頁参照）には嘉永七（一八五四）年の序があり、堀達之助《ほりたつのすけ》（一八二三～一八九四）らの『英和対訳袖珍辞書』は文久二（一八六二）年に、またヘボンの『和英語林集成』初版は慶応三（一八六七）年に刊行されるというように、社会情勢にともなう必要性のたかさのために、外国語と日本語との対訳辞書は幕末からすでにつくられていた。

このようにみてくると、明治初年から二〇年頃までがいわば「空白期間」のようにみえてしまうが、その間の日本語のあり方を知る手がかりを与えてくれるのが「新聞」である。本節ではさらに「布告」や「布達」（以下ではこれらをまとめて「布告類」とよぶことにする）をとりあげてみることにする。

漢語辞書の凡例

『新撰字解《しんせんじかい》』は明治五（一八七二）年に出版された漢語辞書である。漢語辞書とは、漢語を集めて、それに「読み」と、ごく簡単な語釈を付けたものであるが、この『新撰字解』の凡例に「此書ハ、御布告《ごふこく》及ビ日誌新聞等ノ語中ヨリ童蒙《どうもう》ノ解シ難《がた》キ文字ヲ抄出《しょうしゅつ》シ国字ヲ以テ音訓ヲ付シ、且《か》ツ、捜索ニ便ナラシムル為ニ仮名ツカイ等ヲ正サズ叨《みだ》リニ収録ス」とある。振仮名は適宜補った。

この凡例では「御布告」「日誌」「新聞」が並べられている。それらにおいて使用されている漢語の「読み」と「語釈」を示すために、この辞書が編まれたことになる。中央集権的な政治組織を採用した明治政府は、中央から地方へと次々に「御布告」を発令していく。

そうした膨大な量の布告類は、明治初期の日本語の姿を窺うための恰好の文献であるともいえる。さきには『絵入自由新聞』に転載された「輸出酒類戻税規則」をみたが、本節ではそうした布告類を直接とりあげることにする。

振仮名付きの布告集

次々に発令される布告類には、当然のことながら振仮名は付けられておらず、こうした布告類を現在読もうとしても読みやすいとはいえない。しかし、日常生活にかかわる布告類を周知徹底させる必要はあり、そのためにさまざまな印刷出版物がつくられていた。

図15は「長野県下信陽松本北深志町三番丁」にあった愛民社から明治一三(一八八〇)年二月一日に出版された『布告集誌《ふこくしうし》　平假名附《ひらかなつき》』第二号の一丁表である。「教育令《きやういくれい》」「府知事縣令《ふちじけんれい》」「私立小學校《しりつせうがくこう》」などの右振仮名は「読みとしての振仮名」で、こうした振仮名が付けられているのは当然であろうが、次のように左右両振仮名が付けられている語もある。

漢字	右振仮名	左振仮名
公益	こふえき(＝コウエキ)	おほやけのとく(＝オオヤケノトク)
地位	ちい	いばしよ
兒童	じどう	こども
就學	しうがく(＝シュウガク)	まなびにつく
學期	がくき	まなびのきり
公立	こうりう(＝コウリュウ)	よりあいたて

布告集誌《ふこくしうし》　平假名附《ひらかなつき》　第二號　明治十三年二月發兌

文 第五號　府縣

教育令《きやういくれい》第三十一條府《ふ》知《ち》事《じ》縣《けん》令《れい》ニ於て私《し》立《りつ》小《せう》學《がく》校《かう》の町村民の公益《こうえき》《おほやけのとく》たることを認《みと》むるにハ該學校の地位《ちい》《いばしよ》兒童《じどう》《こども》の就學《しうがく》《まなびにつく》に便《べん》し學期《がくき》《まなびのきり》等公立《こうりつ》《よりあいたて》小學校と同樣《どうやう》にして學科課程《がくかくわてい》《まなびだかわりかけ》等都《すべ》て其町村人民の公益たるへき者を以て之を認定《にんてい》《みとめきだめ》たへき儀と可《べく》心得且《かつ》同條《どうでう》《おなじくだり》に因《よ》りて補助金《ほじよきん》《おかみのたすけきん》を受たる私立小學校に對《たい》《むかひ》しては府《ふ》知《ち》事《じ》縣令其管理《くわんり》の方法《はうはう》を設《まう》け文部卿《もんぶきやう》の認可を經《へ》て之を

図 15

學科　がくか　まなびしな
課程　かてい　わりふり
認定　にんてい　みとめさだめ
同條　だうじやう（＝ドウジョウ）　おなじくだり
補助金　ほじよきん　おぎないたすけきん
對して　たい　むかひ（＝ムカイ）

左振仮名をみると、「いばしよ」「こども」などは一般的にも使われていた安定した語といえるだろうが、「まなびのきり」は説明のためにここでつくりだした語のようにみえる。

また「まなびしな」や「みとめさだめ」、「おぎないたすけきん」などは、漢字を「訓」や「音」に置きかえただけと思われる。しかし、そのようなやり方によって、それぞれの語義の理解の助けにすることを目的として左振仮名を付けたものと思われる。

「ニンテイ（認定）」という漢語を「みとめさだめ」と説明して、それでこの漢語の語義が理解できるのか、できたことになるのかは疑問といえば疑問であるが、このように、たとえば二字の漢字から成り立っている語の語義を理解するに際して、一字一字の「訓」の組みあわせたものを(左)振仮名にしたり、あるいは語釈として配置したりすることは、明治期にはよくみられる。したがって、これも漢語の理解のしかたの一つの「方法」と考えられる。

ここでは「公立」には「こうりう」と振仮名が付けられていて、さきにふれた漢字「立」を「リュウ」とする例がみられる。しかしその一方で、「私立」には「しりつ」と振仮名が付けられていて、漢字「立」の音として「リュウ」と「リツ」との双方が同じ丁の中にみられることは興味深い。

振仮名ばかりか絵も付いた！

明治五(一八七二)年七月に、今の軽犯罪法にあたる『違式詿違条例《いしきかいいじょうれい》』が出されるが、**図16**は明治一一(一八七八)年三月に出版された今江五郎『御布令違式詿違圖解《ずかい》』(架蔵本の一五丁裏)である。この『御布令違式詿違圖解』は『日本国語大辞典』(第二版)も資料として採用しており、第七七条の「妨碍《ぼうげ》」は、同辞典の見出し項目「ぼうげ」の第一番目の用例として示されている。

この『御布令違式詿違圖解』は『明治文化全集』第八巻(一九二九年、日本評論社刊)に影印のかたちで収められているが、平成一七(二〇〇五)年には国文学研究資料館の「リプリント日本近代文学三四」としても影印刊行されており、それには谷川恵一の「解題」が付されている。

同影印と架蔵本とを比べてみると、「為政」と大きく書かれている見返し頁の匡郭《きょうかく》(外側の枠)の欠落箇所が完全に一致するので、両本が同一の版木から刷られていることがわかる。架蔵本も刷りがよいとはいえないが、影印本はさらに刷りがよくないので、かなりの数が刷られていたことが予想される。

そもそもこの「違式詿違条例」は太政官布告によって条例の雛形《ひながた》が示されてはいるが、「地方ノ便宜ニ依リ斟酌《(しんしゃく)》増減」(明治六年七月一九日太政官布告第二五六号)が可能であったと思われ、掲げたような「図解」も各県などで出版されていたことが窺われる。百瀬響《ももせひびき》「条例によって否定された風俗」(『本郷』第七八号、二〇〇八年一一月、吉川弘文館刊)はこの条例をとりあげているが、そこにはやはり明治一一年に出版された『栃木県違式詿違条例図解』が図版として示されている。前述した谷川恵一の「解題」では

『京都府違式詿違條例図解』について述べられている。図16には第七三条から第七六条がみえているが、次に示したように左右両振仮名もある。

漢字	右振仮名	左振仮名	
闘はしめ	たゝか	ケンクワ（＝ケンカ）	（第七三条）
戯に	たはむれ（＝タワムレ）	ザレ	（第七三条）
嗾する	そう	カミツカ	（第七三条）
狂犬	きやうけん（＝キョウケン）	カミイヌ	（第七四条）
罹る	かゝ	ナリタ	（第七四条）
巨大	きよだい	オホキナル（＝オオキナル）	（第七六条）
紙鳶	しゐん	タコ	（第七六条）
妨碍	ぼうげ	ジヤマ	（第七七条）
雑魚	ざつぎよ	イロイロノウヲ（＝ウオ）	（第七八条）
妨害	ほうがい	ワルサ	（第七八条）

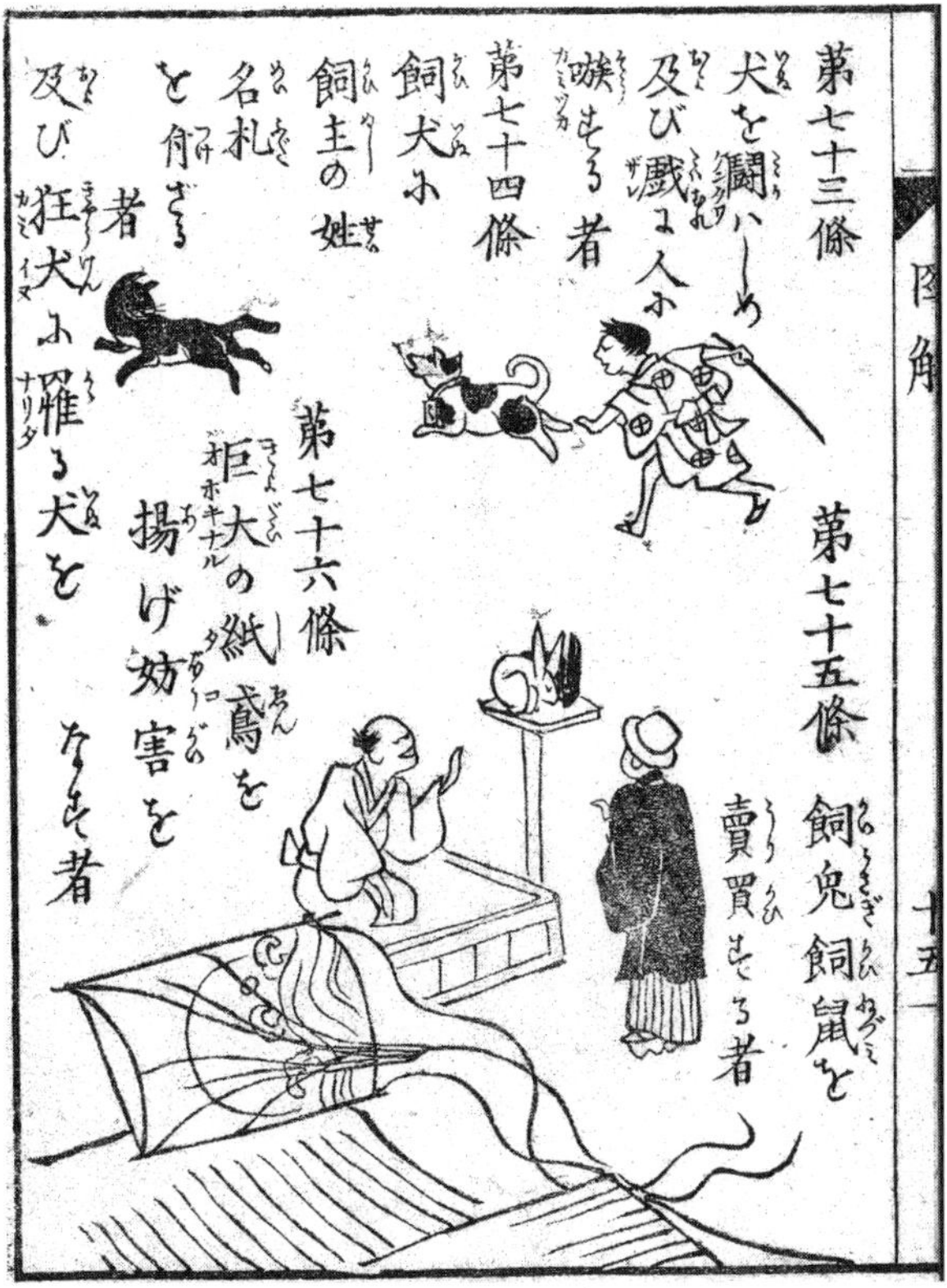
第七十三條
犬《いぬ》を闘《とう》はしめ
及《およ》び戯《たはむれ》に人に
嗾《そゝ》かせる者
第七十四條
飼《かひ》犬《いぬ》に
飼主《かひぬし》の姓《せい》
名札《なふだ》
を付《つけ》ざる
者
及《およ》び狂犬《きやうけん》に羅《かゝ》る犬《いぬ》を
第七十五條
飼兎《かひうさぎ》飼《かひ》鼠《ねずみ》を
賣買《うりかひ》せる者
第七十六條
巨大《きよだい》の紙鳶《たこ》を
揚《あ》げ妨害《ばうがい》を
なせる者

図16

「闘はしめ」は右振仮名「たたか」を仮名書きされた「はしめ」に続けると「タタカワシメ」とつながるが、左振仮名「ケンクワ」は「はしめ」にはつながらない。もっとも「罹る」では右振仮名で「カカル」、左振仮名で「ナリタル」となって、どちらでもつながるが、これはむしろ工夫をして左右の振仮名を付けたとみるべきであろう。

右振仮名が「読みとしての振仮名」であるとみてよい。右振仮名が「読み」の時は、左振仮名は意味を補足的に示すことが多いが、そうするとここでは「闘」の左振仮名「ケンクワ」と「妨碍」の左振仮名「ジヤマ」が興味深い。

つまりここでは「ケンカ(喧嘩)」や「ジャマ(邪魔)」といった、漢語によって意味を示していることになる。特に「闘」の場合は、「タタカウ」という和語の意味を「ケンカ(喧嘩)」ということになる。和語↑漢語(説明される語↑説明する語)という方向で説明していることになる。これは「キョダイ(巨大)」という漢語の意味を「オオキナということだ」と、和語によって、漢語↑和語という方向で説明するのとは逆向きの説明になる。明治期には和語を説明できるぐらい日本語にとけこんでいた漢語があったことがわかる。

また絵を添えた図解という形式は、明治期によくみられるもので、想定される「読み手」に応じて「振仮名なし」「パラルビ」「総ルビ」「パラルビ／総ルビ＋左右振仮名」「パラルビ／総ルビ＋左右振仮名＋図解」というさまざまな表現形態、表記形式が生みだされていったことが予想される。

第三節　翻訳小説の振仮名

『ロビンソン・クルーソー』の振仮名

現在は『ロビンソン・クルーソー』という題名で知られているが、ダニエル・デフォー(Daniel Defoe　一六六〇?〜一七三一)の『ロビンソン・クルーソーの生涯と冒険』(THE LIFE AND STRANGE SURPRISING ADVENTURES OF ROBINSON CRUSOE)が、明治一〇(一八七七)年に『回世美談《かいせいびだん》』という題名で山田正隆によって翻訳されている。

図17として掲げた「第三回ノ下」の冒頭の箇所は、現在の翻訳では「われわれはこのボートで魚釣りにたびたびでかけた。私がとてもうまく魚を獲《と》ってやるものだから、主人は釣りのときにはかならず私をつれていった。あるとき、主人は当地のかなり身

後《のち》の漁《つり》に安全《あんぜん》ならんためとて長き小船を繕《しつら》へつゝ磁石《じしやく》其外十分の備《そなへ》なしには出じと茲《こゝ》に決定《きめ》なしたりけり故《ゆへ》にや主人は大工《く》をしてよきに船を造《づくら》せける（此人も英國からの囚はれなり）其《そ》は長き船の眞中《まんなか》に大部屋《おゝべや》小部屋を作《つくゆ》しすべての道具《どうぐ》を備つゝ飲《のみつ》へきリキウ酒ヤ食《くか》へき米ヤパン豆《こー》茶《ひー》チヤヘ十分ニ貯置《たくわへおき》て此船がいづれへ行共《ゆくとも》四五日は保《たも》たるゝやう仕組《くみ》たり

第三回ノ下　狗兒僧《くゐそう》奇計《はかりごと》囚場《とらわれ》を脱《のがる》

斯《かく》て狗兒僧はの漁達人《すなどりたつじん》とれみ稱《ほめ》られ前に備《そなへ》し小船にてしば〳〵漁にヅ出にける斯て主人も狗兒僧が工《たくみ》に感《かん》じいつとても釣《つり》する毎《ごと》に狗兒僧を供《とも》にせざれば行かざりし斯《かゝ》る漁船をこしらへて亦其上に主人には火藥や銃《つゝ》を備《そな》へたりこれ漁の間《すなどりひま》あれば鳥獵《かり》すべき術《てだて》あり斯く船用意も齊ひたれば主人は之を慰事《なぐさみごと》の一事とはなしたりけり或日主人は

図 17

分の高いムーア人二、三人とともに舟遊びをかねて魚釣りにこの船ででかける計画をたてた。そのためにおびただしいご馳走が用意された。そして、いつもとくらべものにならないほどたくさんの食糧が徹夜でボートに運びこまれた」（平井正穂訳『ロビンソン・クルーソー』上巻、一九六七年、岩波文庫、三四頁）と訳されている。

図17の範囲では、「リキウ酒」（リキュール酒）や「パン」などとあり、日本語ではない外国語を片仮名書きして右側に傍線を付ける書き方もあったわけだが、主人公のクルーソーは漢字で「狗《く》兒《る》僧《そう》」と何度も書いており、それはやはり「漢字で書きたい！」ためであろう。漢字「僧」を使っていることも興味深い。

すべての漢字に振仮名を付ける「総ルビ」ではないが、かなりの頻度で振仮名が付けられている。「釣《つり》する毎《ごと》に」「慰事《なぐさみごと》」「客《きやく》」「掃除《そうじ》」「以前《いぜん》の望《のぞみ》を打遂《うちとげ》ん策《はかりごと》をぞ企《くわだ》てける」など、「読みとしての振仮名」が付けられていることが多いが、「奇計《はかりごと》」「術《てだて》」「委任《いゝつけ》らるゝ」「偽計《はかりごと》」などは、工夫した書き方をしているといってよいだろう。

たとえば「術」とだけ書いてあれば、当時であっても漢語「ジュツ」がまず思い浮かびそうで、そうした漢字「術」を、「テダテ」という語を書くのに使ったところにいわば書き方の上での工夫があり、その一方で、この漢字「術」が「テダテ」という

（和）語を書いたものであることを明確にするために振仮名が必要になる。

ところで図17には、すでにあげたように「奇計《はかりごと》」があって、次の頁には「策《はかりごと》」「偽計《はかりごと》」もみられる。これは、「ハカリゴト」という一つの語を漢字で書く時に、異なる三つの書き方があったことを示している。つまり、一つの語を漢字で書く書き方が一つではない、一つに決まっていないことになる。

一方、やはり次の頁に「勤《ようじ》」「勤よ《つとめ》」の例もみられることからすれば、一つの漢字がつねに一つの語を書きあらわしているのでもないことになり、結局、明治期も日本語の書き方にはかなり幅、すなわち、「自由度」があったことがわかる。これは現代では、同じ語はできるかぎり同じ書き方をしようとして神経を使っていることとかなり隔たりがある。学生たちと一緒に明治期の文献を読むことがあるが、学生たちには明治期のこうした「自由度」が自由とはみえずに「不統一」にみえるようで、「許せない」とまでいった学生もいた。

学生には、明治期はこういう時期なのだから、そう目くじらをたてずにおおらかな気持ちで接しなさい、と諭すのだが、学生がそう思うほど、現代は表記を統一しているということでもある。同書の他の箇所には「栄枯《よしあし》」「指揮《さしづ》」「零落《をちぶれ》」「黠頭て《うなづき》」「場《ばしよ》」

などとあるが、「ヨシアシ」を「栄枯」と書いたり、「サシヅ」を「指揮」と書いたりできるのは、振仮名を付けているからであって、振仮名はいっさい使わないで書くということになれば、やはり漢字の音《おん》・訓《くん》をできるかぎり固定し、その音・訓を原則として書くことによって、いかなる語が書かれているかを推測できるようにするのが一つの方法で、現在の常用漢字表を基本としたやり方はそうした意味合いにおいては理にかなっていることにはなる。

燕尾服と断後衣

図18は明治一一（一八七八）年四月に出版された丹羽純一郎《にわじゅんいちろう》（一八五一～一九一九）訳（ヂヨン・マレイ著）の『龍動新繁昌記《ろんどんしんはんじょうき》』初篇の二八丁裏であるが、ここにも次に示すように左右両振仮名がみられる。

漢字	右振仮名	左振仮名
背	ハイ	セナカ
撫シ	ブ	ナデ

朋友	ハウユウ(＝ホウユウ)	トモダチ
菓	クワ(＝カ)	クダモノ
瞼邉	ケンヘン	メノフチ

漢字「打球場」には左振仮名として外来語「ビリヤード」が付けられている。『龍動新繁昌記』は、英都ロンドンの隆盛を、当時人々に読まれていた服部誠一(一八四一〜一九〇八)の『東京新繁昌記』にならって書いたものと思われ、このように外来語が左振仮名として付けられていることが少なくない。

次にそうした左振仮名を初篇から拾いだして掲げてみる。

漢字	右振仮名	左振仮名	所在
歐洲	オウシウ(＝オウシュウ)	エウロツパ	一丁表六行目
西卿寺	なし	ウエストミニスター	三丁表五行目
玻瓈	ハリ	ガラス	五丁裏四行目
玻璃	ハリ	ガラス	一〇丁裏一〇行目

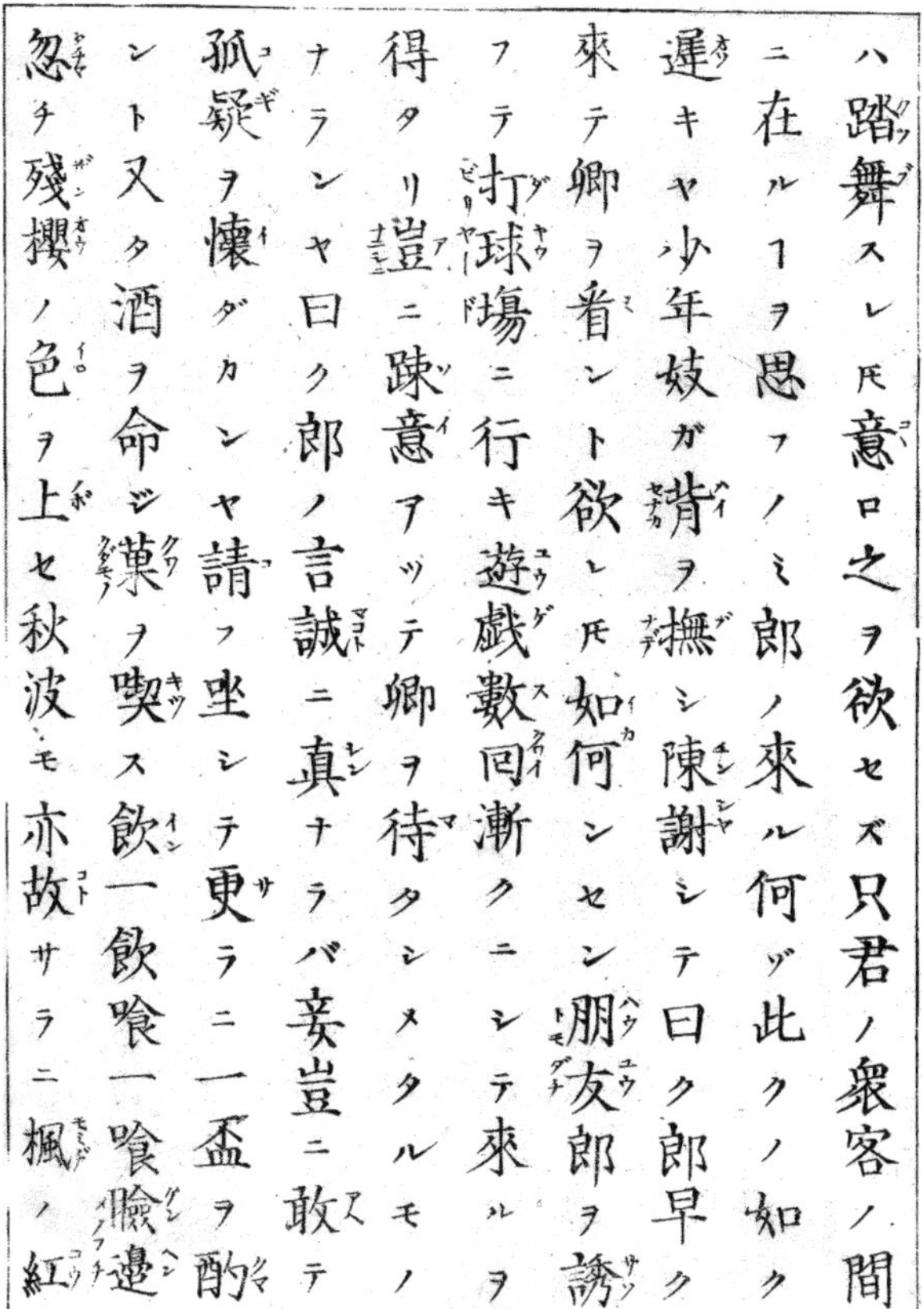
ハ踏《タッ》舞《ブ》スレ圧意《コヽ》ロ之ヲ欲セズ只君ノ衆客ノ間ニ在ルヿヲ思フノミ郎ノ來ル何ヅ此クノ如ク遲《オソ》キヤ少年妓ガ背《ハイ》《セナカ》ヲ撫《ブ》《ナデ》シ陳《チン》謝《シヤ》シテ曰ク郎早ク來テ卿ヲ看《ミ》ント欲レ圧如《イ》何《カ》ンセン朋《ハウ》友《ユウ》《トモダチ》郎ヲ誘《サソ》フテ打《ダ》球《キウ》場《ビリヤード》ニ行キ遊《ユウ》戲《ゲ》數《ス》回《クワイ》漸クニシテ來ルヲ得タリ豈《ア》《ナニニ》ニ踈《ソ》意《イ》アッテ卿ヲ待《マ》タシメタルモノナランヤ曰ク郎ノ言誠《マコト》ニ真《シン》ナラバ妾豈ニ敢《アヘ》テ孤《コ》疑《ギ》ヲ懐《イ》ダカンヤ請《コ》フ坐シテ更《サ》ラニ一盃ヲ酌《クマ》ント又タ酒ヲ命ジ菓《クワ》《クダモノ》ヲ喫《キッ》ス飲《イン》一飲喰一喰瞼《ケン》邊《ヘン》《メノフチ》忽《タチマ》チ殘《ザン》櫻《オウ》ノ色《イロ》ヲ上《ボ》セ秋波モ亦故《コト》サラニ楓《モミヂ》ノ紅《コウ》

図 18

蘇格蘭	なし	スコツランド	一九丁表五行目
亞西亞	なし	アシア	二〇丁表五行目
熱餐	ネッサン	タブルドット	二四丁表九行目
断後衣	なし	テイルコート	二六丁裏六行目
舞蘭亭	なし	ブランデイ	二八丁表五行目
停車場	テイシヤ	ステイション	三七丁裏三行目
篦頭舗	カミカリ	バーバーショップ	四〇丁裏一〇行目

「蘇格蘭」や「亞西亞」に右振仮名がないのは、こうした外国の国名・地(域)名などが当時(そして今も)日本語に訳されることがなかったためと思われる。

そう考えると漢字で「断後衣」と書かれている「テイルコート」はどうなのだろうか。現代の英和辞典で「tail coat」をひくと、そこには「燕尾服、モーニング」と書かれている。「テイルコート」は今でいう「燕尾服」であった。この「燕尾服」は「swallow-tailed coat」という英語をそのまま日本語に訳したものだといわれている。しかし「エンビ(燕尾)」という漢語は日本語の中でわりあいと古くから使われており、直訳からできた語と断言しない方がよいようにも思う。それはそれとして、『龍動新繁昌記』が出版された時点では、「tail coat」に結びつけられるような日本語がなかったことは確かだ。

「タブルドツト」も興味深い。これは「table d'hôte」で、一品料理のア・ラ・カルト(à la carte)に対して、いくつかの料理が合わせられた、いわば定食のようなものをさす。「ターブルドット」を店名にしているレストランは現在東京に何軒かある。この「table d'hôte」に漢字「熱餐」をあてて、それに「ネツサン」と右振仮名を付けている。

「断後衣」には右振仮名がなかった。これは翻訳のためにつくった、漢字による書き方であることを示唆しているのではないだろうか。だから「読みとしての振仮名」を付けなかった。つまり「ダンゴイ」という語は安定してみんなが使うような語ではなかった。もしかすると、ここだけにしかみられないかもしれない。

そのことと比べると「熱餐」には右振仮名が付けられている。疑問は「定食」のような意味をもつ「table d'hôte」をなぜ「熱餐」と書くのかということである。そしてこの「ネッサン(熱餐)」という語は現在のところ日本語に関しての最大の辞典といってよいであろう『日本国語大辞典』に見出し項目として登載されていない。明治期の日本語にはまだまだ謎が多い。

ひっくり返った振仮名

図19はドイツのゲーテ(Johann Wolfgang von Goethe 一七四九〜一八三二)の『ライネッケ・フックス』(Reineke Fuchs)を原作とする翻訳『独逸《ドイツ》奇書　狐《きつね》の裁判《さいばん》』(井上勤訳、一八八四年刊)の再版『禽獣《きんじゅう》世界　狐の裁判』(一八八六年刊)である。図でわかるように「総ルビ」といってよい。

さて、①をよくみていただきたい。漢字「注進」の振仮名は「ちうし」まではきちんと付いているが、「ん」は向きがおかしくなっていて、次の「言葉」の振仮名の「こ」も向きが乱れているのがわかるだろうか。振仮名は振仮名で一行に活字を組んでいくので、このようなことが起こることがある。②の四行目「決闘《けつとう》」の「う」の向きが、また③の「兩勇《りやうゆう》」の振仮名「りやうゆう」の最後の「う」の向きが、また次の五行目の「俺《われ》」の「れ」の向きが乱れてしまっている。

これらは、そこに組むべきではない活字を組んでしまったわけではないが、活字の向きが正しくないことからすれば、やはりひろい意味合いでは活字の「誤植」ということになるだろう。明治期の印刷物には「誤植」が少なくない。「誤植」がなぜ「読み手」に「誤植」とわかるかといえば、実は「読み手」は正しいかたちがわかっているからだ。

たとえばこの本の一〇頁には「狸《たねき》」とある。振仮名「たねき」は「たぬき」の「誤植」だとほとんどの人が気がつくだろう。「なんだ、しょうがないなあ」とは思うかもしれないが、情報伝達ということからすれば、「狸《たねき》」でも「狸《たぬき》」でもあまりかわらないともいえる。ただ、いつもそういくかというとそうでもない。

今もしも「狸《たのき》」と振仮名が付いていたらどう思うだろうか。実は室町時代ぐらいの文献には「タノキ」という語形がみられる。「タヌキ」の「ヌ」の母音が[u]から[o]にかわって「タノキ」という語形が生まれたと考えられている。もちろん現在も「タヌキ」という語形を使っているのだから、「タノキ」が主流になったことはないと思われる。

そうしてみれば、「狸《たのき》」が明治期の文献にあった場合は「まあ誤植だろうな」とは思うが、断言はしにくくなる。語の正しいかたちがわかっていれば「誤植」であると

①

「ライチッケ」よ如《い》何《か》に言《こと》少《すこ》しの功《こう》もあるべから人《ひと》を説《と》き伏《ふ》す狡《かう》術《じゆつ》も最《も》汝《なんぢ》が一生《せう》も此《こゝ》に至《いた》りてと烏《からす》が注《ちう》進《し》の言《ひと》葉《ば》に依《よ》たる罪《ざい》悪《あく》の量《りやう》も満《みち》たれてなし又《また》勇《ゆう》氣《き》を勵《はげ》まし益《えき》あらんと決《けつ》心《しん》の色《いろ》面《おもて》斯《かく》と聞《きく》より心《しん》中《ちう》甚《はなは》だ安《やす》

②

れ我《わ》れ十分證據《ぶんしやうこ》立《だつ》る決《けつ》闘《とう》の證據《しやうこ》と致《いた》すべします大《だい》王《わう》陛《へい》下《か》を始《はじ》判《はん》を助《たす》け法《はふ》律《りつ》上《じやう》決《けつ》闘《とう》かられ最《も》早《はや》逃《のが》るゝ道《みち》く云《い》ひ放《はな》ちぬ「ライチ命《めい》ハ將《ま》さに危《き》急《ふ》の塲《ば》て甚《はな》はだ弱《よは》し我《わ》れ假《た》とも一旦《たん》彼《かれ》と闘《たゝ》かひ

③

ず汝《なんぢ》今《いま》我《われ》に向《むか》ひて決《けつ》り這《こ》れ疑《ぎ》獄《ごく》を裁《さい》決《けつ》す承知《しやうち》せり我《わ》が手《て》套《ぶくろ》れ聞《き》き終《おは》り俺《われ》汝等《なんぢら》兩勇《りやうゆう》の證據《しやうこ》となす可《べ》し俺分《わか》ち難《かた》く殆《ほと》んど裁《さい》決《けつ》し出《いつ》ることそ此《こ》の上《うへ》もイチッケ」が證人《しやうにん》ハ「グりたり此《こ》の時《とき》「ラック

図19

断言できるが、そうでなければ断言はできないことになる。

明治の誤植いろいろ

この『禽獣世界　狐の裁判』はわりに「誤植」が多いように感じる。揚げ足取りをするつもりはないが、こんなものがありました、ということで次に「誤植」と思われるものを、振仮名以外のものも含めていくつか掲げておく。振仮名を括弧に入れて示した。

誤植	正姿	所在
家(ゆえ)	家(いえ)	四三頁六行目
進退(しんたん)	進退(しんたい)	四四頁一〇行目
磯會(はづみ)	機會(はづみ)	四八頁三行目
餘念(よぬん)	餘念(よねん)	六一頁六行目
乱暴(られぼう)	乱暴(らんぼう)	六二頁一二行目
獲物(ももの)	獲物(えもの)	六七頁一行目

寺院(しえん)	寺院(じいん)	九六頁七行目〜八行目
緊縄(しめなね)	緊縄(しめなわ)	一一〇頁二行目
聞取(きくとり)	聞取(きゝとり)	一一六頁一一行目
愛情(ないじやう)	愛情(あいじやう)	一七三頁四行目
極(きわむ)りなく	極(きわま)りなく	一八二頁七行目
住家(みみか)	住家(すみか)	一八七頁三行目
狼御(むすめご)	娘御(むすめご)	二〇七頁一〇行目
旨(むぬ)	旨(むね)	三五二頁二行目
夫望(しつぼう)	失望(しつぼう)	三七五頁八行目

漢字の「誤植」の場合、「機會」を「磯會」、「娘御」を「狼御」、「失望」を「夫望」としてしまうのは、字形が類似しているということが原因の一つと考えられる。振仮名「しんたい」を「しんたん」としてしまう、つまり「い」と「ん」とが入れ違ってしまう例は、拙書『消された漱石』(二〇〇八年、笠間書院刊、二四三〜二四四頁)でもとりあげたが、わりにひろくみられる。なにかの言語事象の反映かと疑いもしたが、

『増補版印刷事典』(一九八七年、印刷局朝陽会刊)の「ルビ＝ケース」(振仮名用の活字を収めるケース)の項目には「文字の配列は大体においていろは順であるが、使用頻度の高い「う」「い」「ん」を中央に、まれにしか用いられない「ゐ」「ゑ」はケースの隅にある」とある。とすれば、振仮名用活字の「う」「い」「ん」は使用頻度がたかく、かつ隣りあって置かれていることになり、単なる活字の拾い損ないとみた方がよいのかもしれない。

初版と再版とで振仮名が違う!

図20と**図21**とを見比べてほしい。**図20**は明治二〇(一八八七)年六月一日に刊行された東洋漁人編『華盛頓軍記』初版、**図21**は同年一一月四日「再版御届」と奥付けにある同書の再版である。つまり**図20**と**図21**とは出版時期が異なる初版と再版ということになる。

図ですぐにわかるように、字の配置は原則的に一致しているので、再版は初版を「みながら」つくった、とまずは考えることにする。「みながら」と表現したのは、個々の活字の具体的な字形をよくよく見比べてみると、活字そのものは異なっていることが判断できる箇所が多く、初版を「みながら」新しく組み版をしたことがわかるからだ。たとえば一行目の「今」の字や三行目の「用」の字などは、はっきりと活字のデザインが異なっていることがわかると思う。

また平仮名も違う字形が使用されている箇所が少なくない。一行目冒頭の「人民《みん》は」(初版)↔「人民《みん》ハ」(再版)などは違いがわかりやすい。初版では、現在わたしたちが使用している平仮名と(ほぼ)同じ字形の活字が使用されている。現在使用している(平)仮名の字形と異なる字形の(平)仮名を「変体仮名《へんたいがな》」とよぶことがあるが、つまり初版では「変体仮名」字形の活字はあまり使われておらず、再版ではそれがかなり使われていることがわかる。

さて、初版と再版とで次のように漢字や振仮名が異なっている。振仮名は括弧に入れて示した。

初版	再版	所在
議會(ぎくわい)	商議(ぎくわい)	三〇頁二行目
獨立(どくりふ)	獨立(どくりつ)	三〇頁二行目

人民《みん》は之に報《むく》ひんが為《た》め商議《しやうぎ》して今《いま》より英國《エイこく》との貿易《ぼうえき》を停止《とゞめ》たり
〇米人初《べいじんはじ》めて議會《ぎくわい》を開《ひら》く幷獨立戰爭《どくりふせんそう》の端《たん》を開《ひら》く
去程《さるほど》に米國《べいこく》の人民等《じんみんら》種々《しゆ〳〵》苛酷《かこく》の新令《しんれい》に堪《た》へず屢々《しば〳〵》哀訴《あいそ》すれども用《もち》ひられざるより失望《しつばう》の餘《あま》
り州内《しうない》一般《ぱん》の利《り》益《えき》を謀《はか》るとて各州《かくしう》より人物《じんぶつ》を撰擧《せんきよ》し千七百七十四年九月四日（ヒラデルヒ
ヤ）に會同《くわいどう》し種々《しゆ〳〵》商議《しやうぎ》を盡《つく》して英國政府《エイこくせいふ》の公平《こうへい》なる處置《しよち》を得《え》んと書面《しよめん》を以て歎願《たんぐわん》したり其《そ》
文意《ぶんい》に元來君《ぐわんらいきみ》は民《たみ》を救《やしな》ふべき者《もの》なるを養《やしな》はざるのみならず却《かへ》つて是《これ》を虐《ひいた》ぐる時《とき》は民其君《たみそのきみ》の

図 20

人民《みん》ハ之に報《むく》ひんが為《た》め商議《しやうぎ》して今《いま》より英國《エイこく》との貿易《ぼうえき》を停止《とゞめ》たり
〇米人初《べいじんはじ》めて商議《ぎくわい》を開《ひら》く弁獨立戰爭《どくりつせんさう》の端《たん》を開《ひら》く
去程《さるほど》に米國《べいこく》の人民等《じんみんら》種々《しゆ〳〵》苛酷《かこく》の新令《しんれい》に堪《た》へず屢々《しば〳〵》哀訴《あいそ》すれども用《もち》ひられざるより失望《しつばう》の餘《あ》
り州内《しうない》一般《ぱん》の利《り》益《えき》を謀《はか》るとて各州《かくしう》より人物《じんぶつ》を撰擧《せんきよ》し千七百七十四年九月四日（ヒラデルヒ
ヤ）に會同《くわいどう》し種々《しゆ〳〵》商議《しやうぎ》を盡《つく》して英國政府《エイこくせいふ》の公平《こうへい》なる處置《しよち》を得《え》んと書面《しよめん》を以て歎願《たんぐわん》したり其《その》
文意《ぶんい》に元來君《ぐわんらいきみ》ハ民《たみ》を救《やしな》ふべき者《もの》なるを養《やしな》はざるのみならず却《かへ》つて是《これ》を虐《しいた》ぐる時《とき》ハ民其君《たみそのきみ》の

図 21

虐(ひいた)ぐる	虐(しいた)ぐる	三〇頁六行目
強(ひい)て	強(しひ)て	三〇頁九行目
阽(あやぶ)み	怪(あやぶ)み	三一頁二行目
或(あるい)は	或(あるひ)は	三一頁三行目
法度(はつと)	法度(はうと)	三一頁三行目

いくつか興味深いことがらが初版と再版との振仮名の違いに表われている。

まず「どくりふ(＝ドクリュウ)」と「どくりつ」であるが、本書一四〇頁で「創立」に「さうりふ(＝ソウリュウ)」と振仮名が付けられている例にふれた折に少し述べたが、「独立」に「どくりふ」と振仮名が付けられている実例がここにみえることになる。

振仮名に東京方言?

初版は「シイタグル」「シイテ」を「ひいたぐる」(図20最後の行参照)、「ひいて」と書いており、発音「シ」を「ひ」と書く傾向があるようにみえる。初版には「編輯《へんしゅう》兼出版人」として、「東京京橋區加賀町十一番地」の「清水市次郎」の名前が奥付けに掲げられている。ここで使用した再版には「清水市次郎」の名前はなく、「発行者」として「日本橋區元四日市町九番地」の「鈴木金次郎」の名前があるのみである。

現在であれば振仮名は著者自身が付けたものか、または著者以外の人が付けたとしても最終的には著者の了解のもとに付けられていると考えるだろう。明治期の出版物に関しても大枠は結局はかわらないと思われる。「総ルビ」にちかい状態に振仮名が付けられていることからすれば『華盛頓軍記』の振仮名は、そのすべてを著者(にあたる人物)が付けたのではない、と考えるのが自然であろう。つまり著者以外の誰かが振仮名を付けた。具体的には、やはり印刷の過程で印刷所で付けられたと思われる。

しかし、そのようにすることは了解されていた。そして、そのようにして付けられた振仮名を吟味した人もいたであろうが、そうしなかった人も少なくなかった、と想像できる。

現在は「誰がやったか」「誰の責任か」ということに無関心ではいられない時代であるが、「誰が」ということにあまりこだわらなければ、『華盛頓軍記』の振仮名は「明治期の人が付けた」といってよいことになるし、それは確実なことでもある。「明治期の人が付けた」をさらに圧縮して「明治が付けた」といってもよいのではないかと思うが、ということは「時代が付けた振仮名」ということになる。そのことを明治期の日本語と結びつけると、たとえばさきにふれた「ドクリュウ」という振仮名も「ドクリツ」という振仮名も、どちらも明治という時代が付けた振仮名で、つまり「ドクリュウ」も「ドクリツ」も両方とも明治期の日本語としてみとめられていた、ということになる。初版、再版を図のように並べると、初版の振仮名を再版で(わざわざ)訂正した、と考えたくなってしまうが、そうではないだろう。どちらもあった、と考えたい。

発音「シ」を「ひ」と書くのは、「シ」と「ヒ」との発音が区別されにくいことの表われと考えられる。これはよく知られている、「ヒ」を「シ」とする、そしてその結果として逆に「シ」を「ヒ」とすることもある東京方言の特徴といえ、この本が東京で印刷、出版されていることとかかわっていることになる。

「法度」は「ホウド」か?

図にはないが少しさきに、漢字「法度」に再版では「はうと」と振仮名を付けられたところがある。これは「ホウド」という語を書いたものと思われる。「御法度」と書けば現在でも「ゴハット」であるが、「ホウド」という語形が明治期に存在していた可能性はある。いくつかの漢語辞書に「ホウド」をみいだすことができる。次にいくつかを掲げておく。

法《ハフ》　―則《ソク》　―制《セイ》　―律《リツ》　―度《ド》　オキテ　『漢語註解』明治七年刊
法則《ホウソク》　オキテ　法度《ホウド》　同上　『廣益熟字典』(假名引之部)明治八年刊
法制《ハウセイ》　オキテ　―則《ソク》　同上　―度《ド》　同上　『漢語新字引』明治九年刊
法度《はうど》　オキテ　『御布令新聞漢語必用文明いろは字引』明治一〇年刊

「ハフド」も「ハウド」も発音としては「ホウド」を書いたものと思われるので、これらの辞書の記述からすれば「ホウド」という語形がありそうだ。広くいえば「ヒイタグル」「ヒイテ」↔「シイタグル」「シイテ」も含めて、「ハット」↔「ホウド」や「ドクリュウ」↔「ドクリツ」は「語形の揺れ」ということになる。「あるいは」と書くか、「あるひは」と書くかは、「書き方の揺れ」の中で「仮名遣いの揺れ」ということになり、「ギカイ」を「議會」と書くか「商議」と書くかや、「アヤブミ」を「阽み」と書くか「怪み」と書くかは「書き方の揺れ」の中で「漢字選択の揺れ」ということになる。振仮名は語形をはっきりと示してくれているので、こうした「揺れ」を窺うきっかけを与えてくれる貴重な存在でもある。

第四節　夏目漱石の振仮名

夏目漱石(一八六七～一九一六)は明治三六(一九〇三)年四月に、ラフカディオ・ハーン(Lafcadio Hearn　日本名小泉《こいずみ》八雲《やくも》　一八五〇～一九〇四)の後任として東京帝国大学文科大学の英文科講師となる。漱石が明治三八年九月から明治四〇年三月の退職まで続けて講義していた「一八世紀英文学」ではさきにとりあげたデフォーも論じられている。漱石の蔵書、日記、試験問題などの身辺自筆資料を「漱石文庫」として所蔵している東北大学には、漱石が「Friday ガイツノマニカ英語ヲ学ンデゐる」と本の欄外の余白に書きこみをしている『ロビンソン・クルーソー』が残されていて興味深い。

漱石は明治三八年に高浜虚子《たかはまきよし》の主宰する雑誌『ホトトギス』に『吾輩は猫である』

を発表したが、これが好評で、これ以後、明治三九年にかけて『倫敦塔《ロンドンとう》』などの短編作品を次々と発表していくことになる。漱石四〇歳の明治四〇年四月には東京帝国大学を辞して東京朝日新聞社へ入社して専属作家となる。

五月三日の『東京朝日新聞』にはやや諧謔味《かいぎゃくみ》を帯びた漱石の「入社の辞」が掲載されるが、そこには「大学では講師として年俸八百円を頂戴してゐた。子供が多くて、家賃が高くて八百円では到底《とうてい》暮せない。仕方がないから他に二三軒の学校を馳《かけ》あるいて、漸く其日を送つて居た。いかな漱石もかう奔命につかれては神経衰弱になる。其《その》上《うえ》多少の述作はやらなければならない。酔興《すいきょう》に述作をするからだと云ふなら云はせて置くが、近来の漱石は何か書かないと生きてゐる気がしないのである」(振仮名は本書筆者が付けた)とある。

「入社の辞」が新聞紙面に掲載されること自体が異例のことと思われるが、東京帝国大学をやめて東京朝日新聞社に入社した漱石は初めから注目されていたといってよい。漱石は初めから特別な「作家」であった。

朝日新聞社内では、漱石の小説を新聞に掲載するかたわら、漱石には断りなく、新聞のために組んだ版を使って、新聞とは別にひそかに和紙に刷って和装の本に仕立てた「社内版」がごく少部数(二〇部程度)つくられていたことが知られている。

平成一九(二〇〇七)年に、東北大学創立一〇〇周年記念・漱石朝日新聞入社一〇〇年・江戸東京博物館開館一五周年記念展として開催された「文豪・夏目漱石」展には『三四郎』の社内版が展示されていた。

その他に『坑夫』『それから』『彼岸過迄』があることが報告されていたが、平成二〇年の「阪急古書のまち三三周年記念古書目録」には『門』の社内版が掲載されていた。ほしかったが、手が出ない。それはそれとして、やはり社内版がつくられていたということは、漱石が注目され、人気の作家であったことを物語っていると思われる。

そのように、注目された人気作家であったためでもあろうが、漱石は自筆原稿がきわめてよく保存されている。自筆原稿どころか、書き損じの原稿までが保存されている稀《け》有《う》な作家である。たとえば『道草』であれば、天理大学附属天理図書館に一〇〇枚、新宿歴史博物館に六八枚、「漱石文庫」に一五枚、日本近代文学館に一四枚など合計二一九枚の書き損じの原稿が現在確認されている。

本節では明治四二(一九〇九)年六月二七日から同年一〇月一四日まで一一〇回の連載として発表された『それから』をとりあげることにするが、『それから』の原稿は奈良の龍門文庫《りゅうもんぶんこ》に九六三枚すべてが保存されている。平成一七年にはこの自筆原稿の複製版が岩波書店から刊行されている。本節ではこの複製版を使用している。

自筆原稿の振仮名

自筆原稿(以下単に原稿とよぶことがある)にどのように振仮名が付けられているかを示すために、『それから』「十一の九」の回の一節を次に掲げる。

此友人は国へ帰つてから、約一年許りして、京都在《ざい》のある財産家から嫁《よめ》を貰《もら》つた。それは無論親《おや》の云ひ付《つけ》であつた。すると、少時《しばらく》して、直《す》ぐ子供が生れた。女房の事は貰《もら》つた時より外《ほか》に何も云つて来《こ》ないが、子供の生長《おいたち》には興味があると見えて、時々《ときぐ》代助の可笑《おかし》くなる様な報知をした。代助はそれを読むたびに、此子供に対して、満足しつゝある友人の生活を想像した。

原稿にはだいたいこのくらいの密度で振仮名が付けられている。「少時《しばらく》」「生長《おいたち》」などは単に漢字の音・訓を示した「読みとしての振仮名」ではないので、書き手が付ける必要がある振仮名といえよう。漱石は自作が新聞紙上に発表される際には「総ルビ」になることを当然知っていたはずであるが、それでも原稿を「総ルビ」にはしていない。つまり漱石は自身以外の誰かによって自作に振仮名が付けられることをいわばみとめていたことになる。このことには注目しておきたい。

ところで、漱石はさきにふれたような「明治の自由な書き方」の枠組みの中で多様な書き方をおこなう。『それから』をみていくと、「怠惰《なまけ》もの」「価値《ねうち》」「喫驚《びつくり》する」「失敗《しくじり》」「調戯《からか》つた」「嫉妬《ねたみ》」「周囲《まはり》」「茫然《ぼんやり》」「記念《かたみ》」「機会《はづみ》」「交際《つきあひ》」「陶器《やきもの》」「悉皆《すつかり》」「光沢《つや》」「平常《いつも》」「目標《めあて》」「羞恥《はにか》む」「集合《あつまり》」「目的《めあて》」「逍遙《ぶらつ》いた」「動揺《ゆすぶ》る」「的確《きつぱり》」「首肯《うなづ》かせる」「微笑《ほゝえみ》」「光輝《かゞやき》」「呻吟《うめ》く」などをみいだすことができる。これらでは振仮名となっている和語を漢字で書くにあたって、漢語に使われる漢字をあてている。

漱石の書き方はユニークなのか?

漱石はとかく特別視されやすく、漱石の多様な書き方が漱石独自のものと「評価」されることがこれまで少なくなかった。しかし、たとえばここに掲げたような「振仮名(和語)」と「漢字」との結びつきのほとんどを明治期の文献にみいだすことができる。

一つの例として、さきにもふれた、明治二四（一八九一）年に刊行が終わった国語辞書『言海』によって、ここで振仮名となっている和語をひいてみた結果のいくつかを、必要のない記述を省いて次に示してみる。引用箇所の振仮名は『言海』にもともと付けられている。「＋」は、『言海』が「訛語《ナマリ》」、すなわちなんらかの意味合いで標準的ではないとみている語。『言海』では見出し項目のすぐ下には、その語に通常あてられる漢字が置かれているが、×はそれが置かれていないことを示すために筆者が付した。語釈に続いて、たとえば「喫驚」と二重傍線を付けてあるものは、『言海』が「漢ノ通用字」とよぶもので、見出し項目となっている和語にあてられることのある中国語＝漢語である。

びつくり　×　不意ニ驚ク状ニイフ語。喫驚

＋しくじり　×　しそこなひニ同ジ。失敗

からかふ　×　戯《ザ》レ諍《イサカ》フ。調《ナブ》弄リ戯ル。調戯

ねたみ　妬　ネタムコト。ソネミ。嫉妬。

まはり　廻　周圍《メグリ》。四方ノアタリ。ヘリ。周邊
ぼんやり　×　俗ニ、気転ノ鈍キ状ニイフ語。惘然　漠然
かたみ　形見　亡《ナ》キ人、又ハ、遠ク別レタル人ノ形トシテ見ルモノ。記念　遺念
つきあひ　付合　交《マジハ》リ。交際
すつかり　×　すつぱりニ同ジ。
＋すつぱり　×　全ク。悉ク。スツカリ。悉皆
つや　艶　色、鮮ニ麗ハシク、潤フガ如ク光《ヒカ》ルコト。光沢
きつぱり　×　正《マサ》シク決《キ》ムル意ニイフ語。
ほほゑむ　微笑　忍笑　忍ビテ少シ笑フ。ニツコリ笑フ。
うめく　呻吟　憂ヘテ大息ツク。

こうしてみると、『言海』の見出し項目のすぐ下、もしくは語釈末に示されている漢字と、漱石が使った漢字とがよく一致していることがわかる。したがって、原則的には、漱石の書き方は明治期におこなわれていた書き方と重なりあうものと思われ、ことさらそこに「独自性」をみいだそうとしない方がよいことになる。

また、ここには見出し項目の下に漢字が置かれていない語、つまりその語を漢字で書く時にごく当たり前な漢字がない語が多く、そうした語は幾分かは「訛語」的な傾向をもつものと想像される。そうした語を、それでも「漢字で書きたい！」ということになると、結局は『言海』いうところの「漢ノ通用字」を使わざるをえない、とみることもできる。つまり「ビックリ」に漢字「喫驚」をあてたのは、読み手をびっくりさせてやろうと思ったからではなく、むしろそうとしか書きようがなかったのではないだろうか。

『東京朝日新聞』の振仮名

さきに述べたように、『東京朝日新聞』は「総ルビ」であったので、漱石の原稿は次のようなかたちで新聞に発表されている。さきの引用と同じ箇所を示す。

此友人《このいうじん》は国《くに》へ帰《かへ》つてから、約《やく》一年許《ねんばか》りして、京都在《きやうとざい》のある財産家《ざいさんか》から嫁《よめ》を貰《もら》つた。それは無論《むろん》親《おや》の云《い》ひ付《つ》けであつた。すると、少時《しばらく》して、直《すぐ》子供《こども》が生《うま》れた。女房《にようばう》の事《こと》は貰《もら》つた時《とき》より外《ほか》に何《なに》も云《い》つて来《こ》ないが、子供《こども》の生長《おひたち》には興味《きようみ》があると見《み》えて、時々《ときぐ》代助《だいすけ》が可笑《をかし》くなる様《やう》な報知《はうち》をした。代助《だいすけ》はそれを読《よ》むたびに、此子供《このこども》に対《たい》して、満足《まんぞく》しつゝある友人《いうじん》の生活《せいくわつ》を想像《さうざう》した。

この範囲であれば、現代人であるわたしたちにも、さほど迷うことなく振仮名を付けることができそうである。現在であれば、『それから』の原稿全体を一度にみることができる。漱石がある漢字に、別の箇所ではどのように振仮名を付けているかをも参考にすることができるので比較的安定して振仮名を付けることができるかもしれない。

しかし、新聞に毎日一回ずつが発表されている時点ではそうはいかない。それに、一度「微笑《ほゝえみ》」とあったからといって、漢字「微笑」がいつも「ホホエミ」を書いたものとは限らない。『言海』には「びせう 微笑 ホホヱムコト。ニツコリ笑フコト」という見出し項目もあり、漱石が『それから』を書いた時に、漢字「微笑」は和語「ホホエミ」、漢語「ビショウ」のいずれをも表わすことができた。

『それから』「十四の七」の最末尾の一文「彼は蒼白《あをしろ》い頬《ほゝ》に微笑を洩《もら》しながら、右《みぎ》の手を胸《むね》に当《あ》てた」では、漱石は「右」や「胸」に振仮名を付けながら、「微笑」に振仮名を付けていない。

ところで「生長《おひたち》」に注目してほしい。細かいことであるが、漱石はさきに掲げたように「生長《おいたち》」と振仮名を付けている。新聞は漱石が付けた振仮名をかえることもあったことになる。「おいたち」も「おひたち」もたいしてかわらないようにもみえるが、「おひたち」はいわゆる「歴史的かなづかい」のかたちであるので、新聞は(少なくとも振仮名は)「歴史的かなづかい」に統一しようとしていたことが窺われる。

大阪と東京では振仮名が違う!!

『それから』は同じ日に『大阪朝日新聞』にも掲載されていた。ところが『東京朝日新聞』と『大阪朝日新聞』とを比較すると、表記、つまり書き方に関しては驚くほど多くの異なりがあることがわかる。振仮名にかかわる、わかりやすい例をいくつか次に示してみる。振仮名を括弧に入れて示した。

東京朝日新聞	大阪朝日新聞	回数
好(いゝ)だらう	好(よ)いだらう	二の三
大分(だいぶ)	大分(だいぶん)	三の二・六の六・十の二

日本（にほん）	日本（につほん）	三の三・六の二・六の七他
長椅子（ソーフア）	長椅子（ながいす）	三の五
此間（こなひだ）	此間（このあひだ）	三の五
上（のぼ）つた	上（あが）つた	四の一
停車場（ていしやば）	停車場（ステーション）	五の一
一昨日（をとゝひ）	一昨日（をとつひ）	六の七
眠（ねむ）さうな	眠（ねぶ）さうな	九の二
其処等（そこいら）	其処等（そこら）	十一の七
雑談（ざふだん）	雑談（ざつだん）	十二の四
覗（うかが）つてゐた	覗（ねら）つてゐた	十三の六
椽鼻（えんばな）	縁端（えんばた）	十四の二

案外と異なっていることがわかる。ここにあげたよりも細かい異なりは毎回五、六箇所以上ある。

こうしたことは『それから』という文学作品の「読み」にはまったくかかわらない

という考え方もあろう。「ソーファ」も「ながいす」も、「ていしやば」も「ステーション」も、結局は「長椅子」であり「停車場」である、と。そうみることもできそうな一方で、やはりこれらは違うとみる見方も当然ある。とすると、あえて大袈裟《おおげさ》に表現すれば、東京の朝日新聞読者と大阪の朝日新聞読者とは、当時違う『それから』を読んでいたことになる。

単行本『それから』の振仮名

さきに述べたように、『それから』の連載は明治四二(一九〇九)年一〇月一四日で終わる。それから三ヶ月もたたない翌年一月一日には春陽堂から単行本『それから』が一円五〇銭で売りだされる。

単行本も「総ルビ」であるが、単行本が原稿や『東京朝日新聞』と異なる振仮名を付けている箇所が少なからずある。前にとりあげた「生長」には単行本では「せいちやう(＝セイチョウ)」と振仮名が付けられている。そうしたもののいくつかを次にあげてみる。

原稿・東京朝日新聞	単行本	回数・単行本頁
例(いつも)の通り	例(れい)の通り	六の二・一〇六頁
手水鉢(てみづばち)	手水鉢(てうづばち)	十の一・一九二頁
四人(よつたり)	四人(よにん)	十一の七・二四一頁
一回(ひとまはり)	一回(ひとめぐり)	十二の一・二五一頁
明日(あした)	明日(あす)	十二の一・二五三頁
午餐(ごさん)	午餐(ごはん)	十二の五・二六七頁
迷付(まごつ)いて	迷付(まよひつ)いて	十三の二・二八五頁
交際(つきあひ)	交際(かうさい)	十三の七・三〇三頁
判然(きつぱり)	判然(はつきり)	十五の五・三七六頁
慰撫(なだ)める	慰撫(なぐさ)める	十六の三・三八八頁

これらの両者の振仮名は(本質的に)異なっているのか、異なっていないのか。単行本の出版にあたって、漱石がどの程度関与しているかによることになる。漱石は新聞に発表された自分の作品を切り抜いて「切抜帖」をつくり、そこに誤植等につ

いて書きこみをしていたことが知られている。単行本はそうした「切抜帖」に基づいてつくられたと考えられているが、そうだとすれば、単行本は漱石の監督下につくられたことになる。そして、これらは作者による振仮名の変更、つまり作品の書きかえということになる。しかし、これらのすべてが漱石の指示によってかえられたのだろうか。もしもそうでなかったとすれば、漱石の知らないところで振仮名がかえられたことになる。

しかし、自身の関与しない振仮名の「変更」のすべてについて、漱石が怒っていたとは限らない。大正元(一九一二)年九月にはやはり春陽堂から単行本『彼岸過迄』が刊行されるが、この本の校正にあたっていた岡田(後の林原)耕三に漱石は同年七月二八日付で、「ふりがなは大体にてよろしく候へども、漢字に、小生の好加減《いいかげん》にふつたものには、間違《まちがい》多きかと存候。尤《もっと》も小生のわざ〳〵かう読ませやうといふ気でふつたのもあります」「甚《はなは》だ我儘《わがまま》な申分《もうしぶん》ながら自分の言葉の間違は正して貰ひたし。自分の言葉は他に弄《いじ》くられたくない心持致《こころもちいた》し候」(振仮名は筆者が付けた)と書き送っている。ここには作家として表現に気配りをする漱石と、表記、書き方に関して「自由度」のたかい明治期に生きた漱石の豁達《かったつ》さとがあわせ表われていて興味深い。

おわりに

総ルビで発表された振仮名廃止論？

『真実一路』や『路傍《ろぼう》の石』などの作品で知られている山本有三(一八八七〜一九七四)が、雑誌『主婦之友』の昭和一二(一九三七)年の正月号(第二一巻第一号)から三月号にわたって連載発表した『はにかみやのクララ』と、翌年になってからやはり『主婦之友』に発表した『ストウ夫人』の二編をまとめて、同年四月三〇日に『戦争と二人の婦人』(岩波書店刊)という題名の本が出版されている。

こうした題名になったことについて山本有三は「時局におもねるやうで氣がさしますけれども」(一九三頁)と述べている。昭和一三年四月には「国家総動員法」が公布され、翌一四年には第二次世界大戦が始まるという「時局」であった。昭和一四年九月二九日には、この本の岩波新書版(『戦争とふたりの婦人』と改題)も出版されている。実は『戦争と二人の婦人』と岩波新書版とは次に掲げたように、本文が微妙に異なっている。このことはこれまでにあまり注意されていないように思われるので、次に例示しておくことにする。

何でもないことを、むやみにこはがつたり、お客が来ると隠れてしまつたり、口もきかないといふやうな子供がちよい〳〵あるものですが、これから話をしようと思ふクララ・バートンといふ女の子も、さういふ子供だつたのです。

(『戦争と二人の婦人』三頁)

なんでもないことを、むやみにこはがったり、お客がくると隠れてしまったり、口もきけないといふやうな子供が、世間にはちょい〳〵あるものですが、これから話をしようと思ふクララ・バートンといふ女の子も、さういふ子供でした。

(岩波新書版、三頁)

『はにかみやのクララ』はアメリカ赤十字の母とよばれることもあるクララ・バートン(Clara Barton　一八二一〜一九一二)をとりあげた作品で、『ストウ夫人』は『アンクル・トムの小屋』(Uncle Tom's Cabin) の作者として、また奴隷制廃止論者として知られるハリエット・ビーチャー・ストウ (Harriet Beecher Stowe　一八一一〜一八九六) をとりあげた作品である。

この『戦争と二人の婦人』には「この本を出版するに当つて――国語に対する一つの意見――」と題された後書きが添えられている。振仮名をめぐる言説の中で、この後書きが「山本有三の振仮名廃止論」としてしばしば話題にされてきている。

ここではまず『はにかみやのクララ』と『ストウ夫人』が『主婦之友』には「総ルビ」で発表されていたことを確認しておきたい。山本有三の「振仮名廃止論」はよく知られているが、それを主張するきっかけとなったこれら二つの作品が当初「総ルビ」で発表されたことには、これまであまりふれられてきていない。『主婦之友』に発表されたかたちで次に引用してみる。

クララの家《うち》はまるで救護《きうご》本部《ほんぶ》です。食物《しよくもつ》や衣類《いるゐ》やホウタイなぞで足《あし》の踏場《ふみば》もありません。とても置《お》ききれないので倉庫《さうこ》を借《か》りたのですが、それもまた、いつぱいになりました。

(『主婦之友』昭和一二年二月号、一四五頁)

『戦争と二人の婦人』には「ホウタイなどで足の踏み場もありません」(三九頁)とあって、表現や送り仮名の付け方も少し異なる箇所がある。したがって、山本有三が単行本出版にあたって、『主婦之友』に発表された自身の文章に手を加えていることがわかる。そして『戦争と二人の婦人』では振仮名がまったく付けられていない。

しかし、だからといって山本有三が、振仮名を付けないことを考慮して『主婦之友』に発表された自分の文章に手を入れているようにもみえない。この範囲でいえば、漢字「家」「食物」は、それぞれ「イエ/ウチ」「ショクモツ/タベモノ」のいずれの語形にもごく一般的に対応するのであって、振仮名を付けることによって、そのいずれを書いたものであるかが明確になる。

漢字を使って日本語を書く場合に、振仮名を付けることによって、読み手が、書き手の意図通りに読むことができる、ということは確かなことであろう。しかしこうした箇所では、単に振仮名がはずされているだけのようにみえる。

さてそれはそれとして、次に「山本有三の振仮名廃止論」として知られている後書きでなにが述べられているかについてみてみよう。

振仮名はボーフラ？　山本有三の振仮名廃止論

後書きの中で山本有三は「いつたい、立派な文明国でありながら、その国の文字を使つて書いた文章が、そのまゝではその国民の大多数のものには読むことが出来ないで、いつたん書いた文章の横に、もう一つ別の文字を列べて書かなければならないといふことは、国語として名誉のことでせうか」(一九八頁)、「こんななさけない国字の使ひ方をしてゐるのは、文明国として実に恥かしいことだといはなければなりません」(一九九頁)と述べる。また「ルビといふ小さい虫」「むづかしい漢字をやたらに使つたために、そこからわき出たボーフラ」(二〇一頁)などとも述べている。

そこからさらに言説を展開して「本文の漢字を廃して、ふり仮名のやうに、すべての文字を仮名で書くこと」、漢字が「長いあひだ使ひなれて」いて「たやすく捨て切れ」ないのであれば、「ルビをやめてしまふこと」を主張している。この山本有三の言説が「振仮名廃止論」とまとめられて現在でもしばしばとりあげられる。

さきに引用したように、たしかに山本有三は振仮名を使わないことを唱えてはいるが、それは「ふり仮名がなくつても、誰にでも読めるやうな文章を書くといふ」主張、つまり文章のつくり方そのものについての主張という枠組みの中に含まれるものであって、漢字制限を主目的とした主張ではなかったことは確認しておきたい。

ところで、『戦争と二人の婦人』の出版から六ヶ月後の昭和一三(一九三八)年一〇月二七日には、内務省警保局が児童向け読み物の改善のために、「子供雑誌編輯改善要項」を提示し、小さい活字の使用を制限するとともに、振仮名を廃止することを指示し、山本有三の振仮名廃止の主張は具体的なかたちをとって実現することになる。

しかし、この展開の早さに関しては山本有三自身でさえも「これは実に大英断で、主唱者である私でさへも、びつくりしたくらゐです」(『ふりがな廃止論とその批判』白水社刊、前書き一四頁)、「私はフリガナ廃止論の主唱者ではありますが、警保局の腹のすわり方は、私以上です」(同一六頁)と述べている。

そうした展開とはまた別に、この『戦争と二人の婦人』の後書きはひろく反響をよび、同年一二月には、山本有三の主張に対する八〇名をこえる人々の言説をまとめた『ふりがな廃止論とその批判』が出版されるにいたる。今ではフランス語・フランス文学関連の出版で知られる白水社であるが、当時は山田孝雄《よしお》『国語尊重の根本義』(一九三八年一一月)、五十嵐力『国語の愛護』(一九三八年一一月)、松尾捨治郎『国語と日本精神』（一九三九年五月）など、「国語」関連の出版もおこなっていた。

山田孝雄と東京帝国大学教授であった橋本進吉の二人には『ふりがな廃止論とその批判』のために特に執筆を求めたと思われ、山本有三は「殊に、この書物のために、新たに筆をおとり下すつた山田、橋本両博士の御好意は別して忘れ難いものがあります」（同一四頁）と述べている。今ここで、八〇名余それぞれの具体的な言説にふみこむことはしない。

「ふりがなは、原則として使わない」

昭和二一（一九四六）年一一月一六日、内閣告示第三二号として「当用漢字表」が発表され、以後「当用漢字表」は、昭和五六（一九八一）年に「常用漢字表」が発表されるまで、日本語の表記全般にわたってつよい影響力をもつことになる。

告示の「まえがき」中の「使用上の注意事項」に「あて字は、かな書きにする」「ふりがなは、原則として使わない」とあって、この条項によって、振仮名の使用に事実上かなり強い制限がかけられたことになる。現在の常用漢字表の「前書き」「表の見方及び使い方」には振仮名への言及がみられないが、原則として振仮名を使わずに日本語を書く、というやり方は「当用漢字表」によって確立し、それが現在まで続いているといえよう。

現在は常用漢字表が漢字使用の「目安」(「常用漢字表」「前書き」)となっているわけだが、昭和五六年一〇月一日には内閣法制局総発第一四一号「法令における漢字使用等について」が発表され、それにともなって、昭和二九(一九五四)年に出されていた「法令用語改善の実施要領」も一部改正された。

この「法令用語改善の実施要領」は、一般には使用されていない語、たとえば「開議」を使わないで、「会議を開く」といいかえる、「規制」「規正」「規整」を「規制」に統一する、「証拠(ショウコ)」「証徴(ショウチョウ)」「憑拠(ヒョウコ・ヒョウキョ)」「証憑(ショウヒョウ)」を「証拠」に統一するなど、法令用語を全般的に整えようとしたものであるが、その中に「常用漢字表にない漢字を用いた専門用語等であって、他にいいかえることばがなく、しかもかなで書くと理解することができないと認められるようなものについては、その漢字をそのまま用いてこれにふりがなをつける」という記述があり、そこには「砒《ひ》素」「藺《い》」「蛾《が》」「禁錮《こ》」が例示されている。

「ガ(蛾)」がどのように法令とかかわるかわからないが、たしかに「ガ(蛾)」は漢字「蛾」が常用漢字表にないからといって、「ガ」や「が」のように仮名書きすると、助詞「ガ」とも紛れやすく、かえってわかりにくくなることが予想される。

しかしそれは常用漢字表制定時にもわかっていたのではないかと思われ、したがって、漢字「蛾」が常用はされない漢字ではあっても、あらかじめ常用漢字表に入れておくということも考えられなくはない。なにより、さきにも述べたように、常用漢字表は「目安」なのだから、「蛾」あるいは「蛾《が》」と書けばいいと考えることもできよう。

常用漢字表は、昭和五六年三月二三日に出された国語審議会本答申「常用漢字表について」を受けるかたちで発表されているが、この答申によれば、「前文」中に「読みにくいと思われるような場合は、必要に応じて振り仮名を用いるような配慮をするのも一つの方法であろう」とあったことがわかるが、実際に発表された常用漢字表には五項目からなる簡単な「前書き」は添えられているが、「前文」という名称のものはみられず、かつ、振仮名に関してのこの一文もみられない。この一文に相当するものが常用漢字表の「前書き」にあれば、現在の印刷物にも、もっと振仮名が付けられていたのではないだろうか。こうした「定め」の影響力の大きさを思わずにはいられない。

現代の新聞

次に掲げるのは、平成二〇(二〇〇八)年一一月一四日の『朝日新聞』東京版の夕刊に掲載された、同月七日に亡くなった筑紫哲也氏への追悼記事である。

　どこかで平和が脅かされれば飛んでいき、どこかで民主主義が危うくなれば「多事争論」で訴える。がんが骨に及んでも、反骨は揺るがなかった。
　「この国はがんにかかっている」。ネット上の「多事争論」で言った。

ここには平仮名で「がん」と書かれている。「ガン」と片仮名で書くこともあるが、「当用漢字表」にも常用漢字表にも「癌」という漢字は載せられていないので、これらの表に従い、かつ振仮名を使わないとすると、「ガン」を漢字で書くことはないことになる。「表」にない漢字を、振仮名を付けて使用するという選択肢はあると思われるが、そのようにされる場合とされない場合とがある。

他に同じ記事内に「譴責処分《けんせき》」と書かれている箇所があるが、こちらは常用漢字表にない「譴」の字を使わないで「けん責処分」と書くことを避けて振仮名を使ったことになる。それも「譴《けん》責処分」とはしないで「譴責処分《けんせき》」としている。漢字「責」は常用漢字表に載せられており、また音《おん》として「セキ」も認められているので、「セキ」と読む「責」の字に振仮名は必要ないが、ここは「ケンセキ」が全体で一語であることを配慮したのであろう。

やはり「語(word)」が表記の単位であろうから、一つの語としての纏《まと》まりにきちんと配慮しながら表記方法を考えることは大切である。したがって、「けん責処分」という書き方を気にするほどの人であれば、「譴《けん》責処分」と書くよりも「譴責処分《けんせき》」と書く方がよい、と感じてほしいと思う。

同音の漢字による書きかえ・交ぜ書き

「当用漢字表」の施行後しばらく経過した昭和三一(一九五六)年七月五日には、国語審議会報告「同音の漢字による書きかえ」が発表された。そこには「当用漢字の使用を円滑にするため、当用漢字表以外の漢字を含んで構成されている漢語を処理する方法の一つとして、表中同音の別の漢字に書きかえることが考えられる。ここには、その書きかえが妥当であると認め、広く社会に用いられることを希望するものを示した」とあり、三四〇に及ぶ具体例が掲げられている。

そこにあげられた「援護(↑掩護)」「憶測(↑臆測)」「回復(↑恢復)」「記章(↑徽章)」「奇跡(↑奇蹟)」「糾弾(↑糺弾)」「御者(↑馭者)」「更正(↑甦生)」「刺激(↑刺戟)」「収集(↑蒐集)」「衰退(↑衰頽)」などをみると、現代の表記に馴染んだ目からすれば、括弧内に入れた、もともとの書き方の方にむしろ違和感を感じるかもしれない。

この「同音の漢字による書きかえ」というやり方は、書きかえに使った漢字の字義と、もともとの漢字の字義とに重なりあいがある程度あれば、ぎりぎりの方法として成り立つが、そうでない場合は、漢字の字義を媒介にして書かれている語の語義理解をするということはできなくなる。「沈澱(チンデン)」であれば、「澱＝オリ・ドロ」が「沈＝シズム」と理解することもできるが、「沈殿」ではそれができない。もっとも現在一般的に使われている漢語のすべてをそうやって分解的にわたしたちが理解しているわけではおそらくなく、書きかえが一つの方法であることはみとめられよう。

また、新聞を読んでいると「改ざん後も光るみずみずしさ」(二〇〇八年八月一四日『朝日新聞』東京版朝刊)の「改ざん」のように、一つの語でありながら、漢字と仮名を交ぜて書かれていることがあるのに気づく。漢語「カイザン」は「改竄」と書くのがごく自然な書き方であるが、「ザン」にあてられる「竄」字が常用漢字表に載せられていないので、そこを仮名書きにした書き方ということになる。これも「使う漢字の種類を制限する＋振仮名を付けない」というところからいわば生みだされた書き方といえよう。

ここまでみてきたように、使用する漢字の種類を制限し、かつ振仮名を付けない、という「やり方」にともなって、「別の漢字で書く」「漢字を使わないで仮名で書く」という二つの「やり方」が生みだされ、現在はそうした書き方も一般的になりつつある。

しかしその一方で、従来のように活字を使って印刷をすることが急速になくなってきており、電子的に、つまりコンピュータ等の電子機器を使用して印刷、出版をおこなうことが一般化しつつあり、技術的には、振仮名を付けることはたやすくなってきている。

振仮名の過去・現在・未来

ここまで「振仮名の歴史」を追いかけてきた。これから振仮名がどうなるのかが振仮名の未来であるが、それについて声高になにかをいうつもりはない。それはサザンオールスターズが歌うように「あるがままに《let it be》」であり、「なるようになる」ということでよいと考える。ただ、「はじめに」で述べたように、歴史を考えるということは同時に現在を考えるということであり、また現在とは過去と未来とをつなぐ結節点であることからすれば、たとえば漱石がどのように書いていたかをそのまま未来へ伝えることは必要でもあり、少なくともそれは「現在」に課せられた責務ではないかと考える。

漱石没後五〇年にあたる昭和四〇(一九六五)年には、筑摩書房、岩波書店から『漱石全集』が刊行された。

そういう中で春陽堂から出されたウーブル・コンプレート『夏目漱石全集』は、薄い本文用紙を使うことによって頁数を多くし、一冊にたくさんの作品を収める、フランス、ガリマール社のプレイヤード叢書《そうしょ》というシリーズにならって「プレイヤード・

スタイル全集」を謳っている。全集に挟みこまれている広告には「五大特色」として、「単行本の十五冊分を一冊に収録　たとえば、漱石の全作品がわずか三冊で　それでも大きさ、厚さは単行本なみ」「各作家の全作品を完全収録　ダイジェストではありません」「特殊な紙材と印刷技術　薄い特漉用紙に見やすい印刷」「新かな当用漢字の採用　どなたにも楽に読める現代用字」「お好きな作家を自由選択　通しの巻数番号は使用しません」とある。

漱石の全作品はたしかに三巻に収まっている。その代わり、本文活字は七ポイントを使用し、一頁あたり、二一字詰め二七行で三段組みをしている。

つまり一頁に一七〇一字が印刷される。本文が七ポイントであるのだから、振仮名はさらに小さな活字になってしまう。したがって振仮名を付けず、どうしても振仮名が必要な漢字には括弧付きで「獰悪(どうあく)」のように読みを補っているが、仮名書きになっている箇所もかなり目につく。この全集では『虞美人草《ぐびじんそう》』の「十八」の末尾の一節(六八四頁)は次のようになっている。

「藤尾さん、ぼくはとけいがほしいために、こんなすいきょうなじゃまをしたんじゃない。小野さん、ぼくは人の思いをかけた女がほしいから、こんないたずらをしたんじゃない。こうこわしてしまえば、ぼくの精神はきみらにわかるだろう。これも第一義の活動の一部分だ。なあ、甲野さん」

「そうだ」

ぼうぜんとして立った藤尾の顔は、急に筋肉が働かなくなった。手が堅くなった。足が堅くなった。中心を失った石像のように、イスをけかえして、床の上に倒れた。

こうであっても「本文」としてはかわらない、書き方がかわっただけだ、といいきれるだろうか。「いいきれる」と断言するのであれば、漱石の書き方などはいっさい問題にしないことになる。どんな書き方をしても「本文」はかわらないのだから。そうではない、書き方も「本文」の一部あるいは「本文」と切り離すことができないものなのだと考えるのであれば、これはもう漱石の『虞美人草』ではないことになる。さてみなさんはどちらの考え方をとるでしょうか。むずかしいところです。むずかしい問題はそれはそれとして、それでもごく自然な気持ちとしては、やっぱり漱石の単行本(春陽堂刊、五八七頁)には、

「藤尾《ふぢを》さん。僕《ぼく》は時計《とけい》が欲《ほ》しい為《ため》に、こんな酔興《すゐきやう》な邪魔《じやま》をしたんぢやない。小野《をの》さん、僕《ぼく》は人《ひと》の思《おもひ》をかけた女《をんな》が欲《ほ》しいから、こんな悪戯《いたづら》をしたんぢやない。かう壊《こは》して仕舞《しま》へば僕《ぼく》の精神《せいしん》は君等《きみら》に分《わか》るだらう。是《これ》も第《だい》一義《ぎ》の活動《くわつどう》の一部《ぶ》分《ぶん》だ。なあ甲《かふ》野《の》さん」

「さうだ」

呆然《はうぜん》として立《た》つた藤尾《ふぢを》の顔《かほ》は急《きふ》に筋肉《きんにく》が働《はたら》かなくなつた。手《て》が硬《かた》くなつた。足《あし》が硬《かた》くなつた。中心《ちうしん》を失《うしな》つた石像《せきざう》の様《やう》に椅子《いす》を蹴返《けかへ》して、床《ゆか》の上《うへ》に倒《たふ》れた。

とあることは未来に伝えていく必要があるだろうと思う。本書が「振仮名の歴史探訪の旅」そしてひいては「日本語の歴史探訪の旅」の好いガイド・ブックとなることを祈りながら筆を擱《お》くことにしよう。

補章　「振仮名の歴史」のそれから

本書は平成二一（二〇〇九）年に集英社新書として出版された『振仮名の歴史』をもとにしている。この原稿を書いているのは令和元（二〇一九）年であるので、新書としての出版から一〇年が経過したことになる。この一〇年間は、筆者個人にとってもいろいろなことがあった一〇年間であるが、そうしたことについては「現代文庫版あとがき」に譲ることにして、ここでは新書版の「内容」についての補いをしておきたい。といっても、本書の「本文」にも手入れをして補いをしているので、本章では、もう少し敷衍して述べておきたいことなどについて補うことにしたい。

常用漢字表について

常用漢字表は昭和五六（一九八一）年に内閣告示されている。その常用漢字表が平成二二(二〇一〇)年に改訂された。それまでの常用漢字表には「字種一九四五字」が掲げられていたが、改訂後の常用漢字表には「字種二一三六字」が掲げられている。改訂前の常用漢字表の「表の見方及び使い方」は一二条であるが、改訂後のそれは一三条になっている。細かな表現の違いはあるが、大きな違いは、改訂後の五条にあたるものが改訂前にはなかったこと、改訂後の七条に「なお、一字下げで示した音訓のうち、備考欄に都道府県名を注記したものは、原則として、当該の都道府県名にのみ用いる音訓であることを示す」とあることである。改訂後の五条には次のようにある。

「しんにゅう／しょくへん」に関係する字のうち、「辶／飠」の字形が通用字体である字については「辶／食」の字形を角括弧に入れて許容字体として併せ示した。当該の字に関して、現に印刷文字として許容字体を用いている場合、通用字体である「辶／飠」の字形に改める必要はない。これを「字体の許容」と呼ぶ。(以下略)

常用漢字表の改訂は、振仮名とは直接かかわらないといえばいえる。したがって、右に示したような改訂が、どのような意味合いをもつかということについては、ここではふみこまないことにする。しかし、都道府県名に使っている漢字を常用漢字表に載せたのは、常用漢字表が「現在流通している漢字のリスト」のような位置を獲得しているからのようにみえる。常用漢字表は、常用漢字表に載せられていない漢字を日常生活で使ってはいけないなどとは規定していない。都道府県名は日常的に使われているが、それゆえ、常用漢字表に載せられていない漢字や音訓であっても、それがわからないということはないだろう。そう考えれば、むしろ載せる必要はないともいえよう。しかしそれでも載せた。これは本文庫で述べた「漢字で書きたい！」ということとは違って「使っている漢字の裏付けがほしい」ということであろう。しかし、少し「漢字で書きたい！」ということとかかわっているようにも思われる。

その一方で、山手線に新しく出来る駅の名が「高輪ゲートウェイ」となった。「高輪駅」ではなくて、「高輪ゲートウェイ駅」という決定が、どのようなプロセスで、どのような判断のもとに行なわれたかわからないが、山手線の駅名に非漢字の文字が使われた。「漢字で書きたい！」も単線的ではなくなってきている。

そして常用漢字表の「表の見方及び使い方」において「許容」という表現が使われた。「許容」は〈許してうけいれる〉ということであるので、いわば「まあいいよ」ということだ。ということは「まあいいよ」などといわれず、堂々としているものが一方にあるということになる。こういう観点は改訂前の常用漢字表にはなかった。

振仮名に現われる非標準形

本書一七〇頁で、『華盛頓軍記』初版(一八八七年六月一日刊)に「虐《ひいた》ぐる」とあることを紹介した。再版には「虐《しいた》ぐる」とあり、初版の「ヒイタグル」が東京方言を反映したものではないかと述べた。

振仮名は誰が施したかわからないことが多い。したがって、右の「ヒイタグル」が東京方言話者にかかわっているとしても、その「東京方言話者」が誰か、ということまでは特定できない。しかしまた、初版も再版も同じ明治二〇(一八八七)年に刊行されていることからすれば、同じ時期に「シイタグル」「ヒイタグル」二つの語形があった、ということはわかる。前者を標準語形、後者を非標準語形と呼ぶことにすれば、(当然のことではあるが)非標準語形は「非標準」なのだから、印刷されたテキストなどには、まずは現われにくいといえよう。『華盛頓軍記』は、ボール紙を芯にして簡易的に製本されており、「ボール表紙本」と呼ばれることがある一群のテキストに属する。「簡易的に製本されて」いるのだから、立派な本とはいいにくい。そのような本においては、非標準的な語形が振仮名として施されていることが少なくない。これを拾っていくのはなかなか楽しい。

秋永一枝『東京弁は生きていた』(一九九五年、ひつじ書房刊)は長谷《はせ》川《がわ》時雨《しぐれ》(一八七九〜一九四一)に関して、「いわゆるヒとシの混同については、シをヒとする例は当然ながら見当らずヒをシとする左の例がある」(二一三頁)と述べ、「しでえことを」「しどくしどく」「しめ糊」の例をあげている。また、「実際の時雨の発音としては」(二一三頁)、「シ」にちかい「「ヒ」もあったであろうが、文字化されなかったものと思う」(二一四頁)と述べる。

「シイタグル」を「ヒイタグル」と文字化した例は、「当然ながら見当ら」ないと述べられた「シをヒとする」例で、言語学において「誤った回帰(false regression)」あるいは「過剰訂正(hypercorrection)」と呼ばれる例にあたる。集英社新書の出版後に目についた例を少しあげておこう。いずれも「ボール表紙本」から見出した。「ヒ／シ」以外の振仮名はおおむね省いた。「ヒ」を「シ」とする例も併せてあげておく。

1　今や病に伏て蓐《ひとね》に在るの日ゴールビが自ら果を捧げて病気を問ひ（『遠征奇縁』）
2　お浪は成長に従《ひたが》つて次第に容姿美はしく目に附くやうになりたる上（『明治貴女鑑』）
3　彼烈志《ビレシイ》は頞を蹙《ひわ》めて比久止留《ビクトル》の顔を眺め（『断腸花』）
4　齢古稀《ひちじゅう》に二つ三つ越へたる両親《ふたおや》のありて（『奇遇之夢』）
5　お鶴が父孫七《まごひち》も娘の傍に寐た辰之助を疑ぐッてはをりましたが（『噂高倉』）
6　是までは跡を慕《ひた》ふて来りし処（『妲妃於百《だっきのおひゃく》』）
7　高貴の品《ひな》と思へば得たりと心に覚れど（『西洋梅暦』）
8　湖面波静づかに富嶽遠く影を浸《した》し（『流離奇談』）
9　不孝の身にも浸樹《したしぎ》のいとしみしみと弁まへて（『流離奇談』）

『言海』の「漢ノ通用字」

本書一七八頁「漱石の書き方はユニークなのか？」において、漱石の書き方を『言海』を使って「検証」し、「漱石の書き方は明治期におこなわれていた書き方と重なりあうものと思われ」ると述べた。それはそれでいいのだが、「検証」に付随した説明に関して、補っておきたい。「ビックリ」という語を例にしてみよう。漱石は『それから』の自筆原稿において「喫驚《びつくり》する」と書いている。『言海』には次のようにある。

びつくり　不意ニ驚ク状ニイフ語。喫驚

『言海』は「凡例」の三十八において、見出し直下に「普通用」の「漢字」を「標出」することを謳う。そして同じ条において、「語釈ノ末ニ、別ニ漢用字ヲ掲ゲル」と述べている。右の「喫驚」がそれにあたる。「漢用字」を「漢ノ通用字」と呼んでいる箇所もある。この「語釈ノ末」の「漢用字・漢ノ通用字」について、「凡例」などでは何も述べられていない。一方、「漢用字・漢ノ通用字」を見出しにあてることのできる漢字列、あるいはさらに積極的に見出しの書き方の一つである、という「みかた」が複数の研究者によって提示されていた。集英社新書を書いた時点では、筆者もどちらかといえば、そのような「みかた」を受け入れていたので、漱石が「喫驚《びつくり》する」と書いていることと、『言海』の語釈末に「漢用字・漢ノ通用字」として漢字列

「喫驚」が示されていることとをいわば直接的に結びつけた。

しかしながら、そのことについては、「ほんとうにそうなのだろうか」という気持ちがあった。その後いろいろと調べ考え、平成二五(二〇一三)年に港の人から『『言海』と明治の日本語』を出版した時には、「「漢用字」は見出し項目となっている語にあてることができる「別表記」ではなくて、「見出し項目となっている日本語と語義のちかい漢語」とひとまずは考えておくべきであろう。そして、(振仮名を施す必要がある場合もあろうが)その漢語を書く漢字列によって、見出し項目となっている語を書くことができる場合もある。しかしできない場合もある」(一五三頁)と述べた。平成三〇(二〇一八)年には小野春菜との共著として『言海の研究』(武蔵野書院刊)を出版しているが、「漢用字・漢ノ通用字」についての「みかた」は右の引用と変わっていない。明治期に「ビックリ」に漢字列「喫驚」をあてている人は漱石以外にも少なからず存在する。そのことからすれば、(ここでは「ビックリ」一語での話になってしまうが)「漱石の書き方は明治期におこなわれていた書き方と重なりあう」という「みかた」は成り立つ。しかし、その「みかた」に至る「判断」のしかた、説明のしかたが、集英社新書出版時と「それから」とで少し異なるということだ。

「なんだ」と思われるかもしれない。結論（めいたこと）はもちろん大事であるが、そこに至る「道筋」が場合によっては結論よりも大事なこともある。山の頂上にたどりつくことは大事だが、安定的な「登山ルート」を確保することは重要であるし、その「登山ルート」がひろく多くの人が使うことのできるものであれば、なおいい。

振仮名について、いろいろな「情報」を得て楽しい。これは「振仮名について学ぶ」ということにちかい。まずはそうした段階がある。ここが楽しくないと次には進めないからこの段階は大事だ。次には「振仮名について学んだことによって、何を学んだか」という段階がある。これは「について学ぶ」ではなく「で学ぶ」ということであり、それが「応用」あるいは「一般化」ということにつながる。この補章もそんな気持ちを持ちながら書いている。

右のことにかかわることとしていえば、集英社新書を書いた時も『『言海』と明治の日本語』を書いた時も、筆者の辞書を語る枠組みは「見出し項目＋語釈」だった。『言海の研究』を共著として出版する時に、説明に使う学術用語を共著者である小野春菜と協議した。小野春菜は筆者の教え子であるが、説明に使う学術用語が少し異なっていた。指導をし、意見交換をする過程で、それぞれの納得のもとに、次第に異なりが解消されていったが、それでもなお違う点があった。結局、辞書を語る枠組みを「見出し＋語釈」として、全体を「項目」と呼ぶということで落ち着いた。これまたささいなことかもしれない。しかし、「見出し項目」という用語を「見出し」に変えることだってたやすくはない。納得して使いたいので、意見交換や話し合いが必要になる。一〇年かかって、ということではないが、今回文庫化にあたって、集英社新書を読み直していて、「ああ、この時はこうだったのだ」と思うことが少なからずあった。多くは、集英社新書と比べないとわからないようなささいなことだから、「ふうん」というところだろう。しかし、筆者にとっては、「ああ」という、大げさにいえば感慨深いものもある。そんな風に、何センチかずつ、何歩かずつしか進めない。それを実感できたのはいい経験だった。

日本語と中国語のずれを埋める

本書の「現代文庫版あとがき」に書いたように、ミシガン大学の「Noon Lecture」で話をする機会を得た。いろいろ考えた末に、「振仮名の歴史」について話すことにした。英語では起こり得ない言語現象であろうから、英語圏の人にも興味深い話題ではないかと思ったからだ。また日本のコミックスは英語圏でも読まれているから、そんなところから話せばいいだろうと思ったこともある。

本書三九頁で採りあげたコミックスの「ふきだし」の例はおもしろいので、アメリカでも紹介した。準備をしている過程で、集英社新書を書いた時には、はっきりとは認識していなかったことがあったことに気づいた。

先の例を使って説明すれば、日本語「ビックリ」を「漢字で書きたい！」時に、漢語「キッキョウ(喫驚)」に使われている漢字列をあてて、振仮名として「ビックリ」を施す。こうすれば、(やや話しことば的である)日本語に漢字をあてることができる。なぜそのようなことができるかといえば、日本語「ビックリ」と漢語「キッキョウ(喫驚)」との語義がだいたい重なっていて、かつ、日本語「ビックリ」と漢語「キッキョウ(喫驚)」とがともに使われているからだ。「ともに使われている」は「ともに日常的に使われている」という場合から「漢語はみたことがある程度」という場合まで、さまざまであろうし、もしかすると「漢語はほとんど使っていない」という場合もあるかもしれない。右の「ともに使われている」という点は重要であるが、その点についてはあまり述べていなかった。

もう一つは、アメリカで紹介する例を探している時に気づいた。慶應義塾大学図書館(斯道文庫)に、室町時代に写された、百二十句本『平家物語』が蔵されている。漢字片仮名で書かれているが、ある程度振仮名が施されているので、何かおもしろい例がないだろうかと思って見ていた。すると巻第五、第四十六句、「文学《もんがく》」を採りあげた文章中に、次のような行《くだ》りがあった。句読点を適宜補って引用する。振仮名は必要と思われるもののみを施した。

文学喜テ、懸ル処ニ斬テハ悪カリナントヤ思ケン、太刀ノミネヲ取直シ、文学カ刀持タル小肘《コカイナ》ヲ健《シタタカ》ニ打ツ。打レテ、チト臆《ヒルム》所ニ、太刀ヲ捨テ、負贔《ヱイヤヲウ》ト組タリケリ。

「コガイナ」は「腕の、肘より先の部分」の名称であるが、現代日本語においても対応する語がなさそうだ。「カイナ」は「肩からひじまでの間」あるいは「肩から手首までの間」をいうが、「肩からひじまで」が「カイナ」で、「ひじから手首まで」が「コガイナ」であれば、「カイナ」と「コガイナ」とは指している部位が違うことになる。また「肩から手首まで」が「カイナ」で、その「カイナ」の中でも「ひじから手首まで」を(特に)「コガイナ」と呼ぶのであれば、「カイナ」の中の特別な呼び名が「コガイナ」であることになる。どちらにしても、まあわかる。

「カイナ」に「肘」をあてる例は平安時代に成った辞書にもみえるので、そのこと自体は珍しくはない。「コガイナ」の「カイナ」に「肘」をあて、「コ」に「小」をあてれば、「コガイナ」全体に「小肘」という漢字列をあてることになるので、これも問題視する必要はない。この例を見た時にすぐ次のようなことを考えた。

1　「コガイナ」が「ひじから手首までの部分」の名称だとすると、中国語にはその部分に該当する語が存在しないのではないか。もしも存在しているのだとすれば、その語に使う漢字(おそらく一字)で「コガイナ」を書けばよい。

2　そのように、日本語に該当する語が中国語にない場合、その日本語は中国語で使っている漢字で書くことができない。つまり漢字で書きにくい。これが「日本語と中国語とのずれ」だ。

3　それでも「漢字で書きたい！」場合には、ずれていることは承知の上で、使える漢字を使って、あとは「微調整」をする。「小肘《コカイナ》」を見た時に、最初は「小」がその「微調整」にみえた。「微調整」後の漢字列は中国語にはない漢字列になるので、振仮名を施して、どのような日本語を書いたものかを明示する。これが「日本語と中国語とのずれを埋める振仮名」だ。「微調整後の漢字列」は漢語とは対応しない「非漢語漢字列」になる。

「本文」では「だいたいそんなことを述べているんじゃないの」と思った方もいらっしゃるかもしれない。大枠としては、そうかもしれない。しかし、和語を文字化するのに、当該和語と語義に重なり合いのある漢語に用いられる漢字列を使うのは、むしろ「積極的」にみえる。それゆえ、そうした「二重表現」を「表現としての振仮名」と呼んだ。そういう「積極的」なものではなく、「うまく漢字で書けないな」という時に、「こうしておこうか」ということはありそうだ。しかしその「こうしておこうか」には無理があるかもしれない。その「無理」が「日本語と中国語とのずれ」であり、せっかく考えた書き方を無にしないためには、振仮名を施し、その「無理」をいくらかでも緩和しておく。そういうこともありそうだし、その「段階」も想定していように思う。これが集英社新書では十分に述べていないことだ。

『違式註違条例』

本書第四章で『違式註違条例』を採りあげた（一四八頁参照）。四章の扉には、扇型に印刷されている『違式註違条例』を掲げた。それらでわかるように、この『違式註違条例』には絵が添えられている。「絵を添えた図解という形式は、明治期によくみられるもので、想定される「読み手」に応じて「振仮名なし」「パラルビ」「総ルビ」「パラルビ／総ルビ＋左右振仮名」「パラルビ／総ルビ＋左右振仮名＋図解」というさまざまな表現形態、表記形式が生みだされていったことが予想される」（一五三頁）と述べた。

そういう「複合体」であるので、集英社新書を書いてからもずっと『違式註違条例』を集めていった。図16は冊子体のものであるが、本書では表紙カバーに一枚刷りのものを使った。『違式註違条例』は軽犯罪法だから、いろいろと「尾籠《びろう》な」こともないではないが、よんでいてもおもしろい。

第四〇条には「婚姻《コンレイ》祝儀等の節事故《コトコト》に托《カコツケ》シ往来又は其家宅に妨害《サマタゲ》をなす者」とある。

「何のためにそんなことを？」と思わないではないが、振仮名もまたおもしろい。「婚姻《コンレイ》」では振仮名が「コンレイ」であるから、「コンレイ(婚礼)」という語をわざわざ「婚姻」という漢字列によって文字化していることになる。「托シ《カコツケ》」の「シ」はどうみても片仮名であるが、なぜ平仮名の中で片仮名を使ったか(ちなみにいえば「又ハ」の「ハ」は現在では片仮名として使う字形であるが、これは平仮名)。「妨害《サマタゲ》」は和語「サマタゲ」に漢語「ボウガイ(妨害)」に使う漢字列をあてた例。振仮名と漢字列との関係もさまざまであるし、漢字、平仮名、片仮名という三つの文字種もさまざまに使われている。それに絵が加わる。

　何かの折に「ご披露」しようかと思って、集めた『違式詿違条例』をアメリカに持参した。シアトルに着いた日に、ホームパーティに招待されていた。カリフラワーを生で食べるという習慣にも驚いたが、楽しいひとときだった。食後に、みなさんに持参した「おみやげ」を配り、日本から持っていったいろいろな資料をお見せした時に、この『違式詿違条例』にはみなさんが「くいついた」。パーティには小学生ぐらいの女の子もいたが、その子たちも楽しそうに絵に見入っていた。絵があることによって、「読み手」が拡大されるということを実感したが、それは「読み手」をひきつけるということだろう。もちろんその女の子たちは、日本語ができるわけではない。ただし、中国語と英語とができる。

パーティに来ていた人たちは、ほとんどが日本語ができ、ワシントン大学の大学院生はいわゆる「変体仮名」も読める。勉強会をしているとのことだった。

「日本語を書く」というシステムの中で、振仮名は次第にその「機能」を拡大していったようにみえる。それが「振仮名の歴史」であるが、この一〇年の間に筆者が気づいたことなどを補章として述べた。さらに一〇年経った時に、振仮名がどうなっているか、また筆者の目にどうみえているか、「それからのそれから」を楽しみにしながら、補章を終えることにしよう。

あとがき

二〇〇八年六月に拙書『消された漱石』を笠間書院から出版してもらってから二ヶ月と少したった八月二〇日に、清泉女子大学の研究室に忍穂井《おしほい》純二氏が訪ねてきてくださった。拙書を読んでくださり、「新書でなにかやりませんか」というお話だった。

最初に筆者が考えた企画は「少女雑誌から見た明治期の日本語」であったが、これは編集会議であえなく敗退、その時の企画書は今もパソコンに残っている。次に考えた企画が「振仮名の歴史」で、これが企画時の書名もそのままに、こうして一書として成った。

ところで、映画やテレビドラマに関して、「スピンオフ(spin-off)」といわれることがある。ある作品の作者が、その作品と同じような設定のもとに、たとえばその作品において脇役であった人物に焦点をあてて、新たな作品をつくる場合に、あるいはつくられた作品そのものが spin-off とよばれる。

そうした意味合いからすれば、本書『振仮名《ふりがな》の歴史《れきし》』は、紛れもなく『消された漱石』のspin-offであり、また、かたちを得るにいたらなかった「少女雑誌から見た明治期の日本語」もやはりspin-offであることになる。

さて、これらに共通する「同じような設定」とはなにか、と自問自答してみれば、「日本語の歴史」をできるだけ幅広く、かつ相応の深さをもって、しかもできればわかりやすく、とらえてみたいという筆者の気持ちが背後に確実にある、ということになるだろうか。

「わかりやすく」はまずは文の書き方に求められようが、それは「ですます調」で書く、というようなことよりも、わかりやすい構造、構図をつくって書くということと筆者は考えている。また図版を使うということも「わかりやすく」を助けるだろう。人間が自ら考えたことを記し留める書物という媒体は、あまり変化を遂げてきていないように思われる。それだけ書物という媒体が人間にとって重要であると考えることもできるし、新たな書物の形態の模索が必要であるともいえよう。

本書の冒頭でも「歴史」ということについて少し述べたが、なにかについてその「歴史」を考える、あるいはその「歴史」をたどるということは、「今、ここ」を離れるということでもある。「今、ここ」はたしかにいつも重要であるが、「今、ここ」だけをみつめていると「歴史」への眼差しを得ることができない。朝、大学に行くために乗る電車の中で、座ってかなり大きな手鏡をみつめている人をよくみかける。みつめている人の顔はその鏡いっぱいに映しだされていることだろう。しかし、おそらくその人の顔以外のものは鏡に映っていないに違いない。その鏡は「今、ここ」にいる「私」だけを映している。「歴史」を考えるというのは、結局はちょっと振り返ってみるということであり、またその「歴史」が見渡せるだけの距離をとるということでもある。毎日なにかに追われるように過ごしている現代であればこそ、「歴史」への眼差しが必要なのではないだろうか。

今回のように企画書をつくってから本の原稿を書く、という経験は筆者にとって初めてのものであったために、初めはとまどいがあった。しかしこうして「あとがき」を書いている今となっては、いい経験であったと心底思っている。これはさきに述べた「わかりやすい構造、構図」を最初に徹底して考えるということにつながる。毎年ベランダでつくっているトマトが今年はなかなか元気に育っている。本書が刊行される頃に赤いつやつやとした実をたくさんつけていることを期待してこの「あとがき」

を終えることにしたい。

二〇〇九年　春

今野真二

現代文庫版あとがき

集英社新書を書いてから気づいたことなどについては「補章」で述べたので、ここでは筆者個人にかかわることなどを書くことにしたい。

新書で「老眼になりつつある」とあった箇所は、「確実に老眼になっている」と修正した(本書五三頁)。一〇年前は「なりつつある」と表現するような状況であったのだろうが、現在では確実にそうだという自覚がある。同じ眼鏡でずっとやってきていたのだが、ある時に、近くが見えにくくなったと感じた。視力はさほど変わらないのだが、老眼が加わって、近くも見えにくくなったのだった。

大学で授業をやっていて、後ろの席の学生の顔がはっきりしないと思ってから、教室用の眼鏡を作った。最初はその教室用の眼鏡は必ず必要というほどでもなかったが、現在は必須で、知らない場所に行く時などもそれをかけるようにしている。視力が落ちただけなのかもしれないが、近くも遠くもよくは見えないようで、筆者の意識としては「老眼」だ。

新書の「あとがき」で、「人間が自ら考えたことを記し留める書物という媒体は、あまり変化を遂げてきていないように思われる。それだけ書物という媒体が人間にとって重要であると考えることもできるし、新たな書物の形態の模索が必要であるともいえよう」(二二六頁)と述べた。

令和元(二〇一九)年一一月にミシガン大学とワシントン大学とを訪れる機会があったことについては「補章」中でも述べた。両方の大学で図書館をゆっくりと見せていただいた。両大学の学生が図書館の至るところで勉強している姿が目を惹いた。あいているスペースがあれば、ノートパソコンを開いている学生がたくさんいる。床で寝ている学生がいるのには驚いたが、学部学生用の図書館は二四時間開館しているという。図書館の中で、スマホに見入っているような感じの学生は見かけなかったように思う。それは彼我の違いということであるが、書籍の電子化が急激に進み、かつ図書館がそれを推進していることには驚いた。

ミシガン大学の司書の方は、電子化してあれば、学生が図書館に来ないですむ、とはっきりと言った。日本に戻って来てその話をしたところ、「文化の差」だというような受け止め方をされた。筆者は、そういう「反応」を聞いて「そうだろうか」と思った。

筆者は学部学生の頃に、広島大学が蔵している『節用集』を確認したくて、通っていた大学の図書館の(今いうところの)レファレンスサービスに相談をした。すると、そのレファレンスサービスの人が、「最近の学生さんは無精することばかり考えて困る」というようなことを言った。資料の複写を取り寄せるというようなことを考えるのではなくて、まず広島大学に行かないと、というような話だった。筆者はその時に、「精神論」を言われているような気持ちになった。

筆者が学部学生の頃だから、もう四〇年ちかく前のことになる。その時はそれが普通の考え方だったのかもしれない。しかし、現在は、かつては実際に見るまでに多くの手続きと時間が必要であった貴重書がインターネット上で公開されている。研究がそれによって行なわれることも少なくない。その時に、そうした行為を「無精でいかん」と否定する人がいるだろうか。もちろんインターネット上で公開されているのはどこまでいってもデジタル画像だから、その画像からわかることには限界があることはいうまでもない。そのことは紙焼き写真を使って研究をしていた時にもわかっていたことだろう。今「無精でいかん」と否定できないことは四〇年前も(ロジックとしては)否定できなかったことだという考え方は成り立たないのだろうか。

アメリカで推進されているほど、日本ではまだ電子化が推進されていないように感じる。中型以上の辞書は今後、電子化とかかわりなく編集することはないだろう。何らかのかたちで、紙媒体の辞書と電子化が組み合わされた「かたち」になっていくだろう。今、その「かたち」が模索されているといってよい。こういうことも一〇年前よりも、より具体的でより切実になってきている。「グローバル化」という表現が使われるようになって久しい。しかしそれを「英語を母語話者と同じように使うこと」と限定的にとらえ、そのことばかりを追い求めているうちに、グローバルとはかけ離れていく、というようなことがないだろうか。

ミシガン大学日本研究センターの「Noon Lecture」では振仮名の話を聞いてくれた英語圏の方々がおもしろいと言ってくれた。ワシントン大学の大学院生たちは『違式詿違条例』に興味を示してくれた。「やっぱりおもしろいものはおもしろいのだ」ということが確認できたことが今回のアメリカ行きの成果の一つだ。

今回の文庫化は、振仮名について、改めて見直すよいきっかけとなった。こうした機会を与えてくれた岩波書店に感謝申し上げたい。そもそもの話は、集英社新書がアマゾンで高い値段になっているというところから始まった。それを教えてくれた朝日新聞大阪本社の山崎聡さん、その話をつないでくださった古川義子さん、飯田建さん、そして実現にこぎつけてくださった岩波現代文庫編集長の吉田浩一さんに感謝したい。

二〇二〇年　冬

今野真二

『振仮名の歴史』は、「集英社新書」の一冊として二〇〇九年七月に刊行された。岩波現代文庫への収録に際して、「補章」と「現代文庫版あとがき」を加えた。

振仮名の歴史

2020年3月13日　第1刷発行

著　者　今野真二《こんのしんじ》

発行者　岡本　厚

発行所　株式会社　岩波書店
〒101-8002 東京都千代田区一ツ橋2-5-5

案内 03-5210-4000　営業部 03-5210-4111
https://www.iwanami.co.jp/

印刷・精興社　製本・中永製本

© Shinji Konno 2020
ISBN 978-4-00-602318-8　　Printed in Japan
JASRAC 出 2001640-001

岩波現代文庫創刊二〇年に際して

二一世紀が始まってからすでに二〇年が経とうとしています。この間のグローバル化の急激な進行は世界のあり方を大きく変えました。世界規模で経済や情報の結びつきが強まるとともに、国境を越えた人の移動は日常の光景となり、今やどこに住んでいても、私たちの暮らしは世界中の様々な出来事と無関係ではいられません。しかし、グローバル化の中で否応なくもたらされる「他者」との出会いや交流は、新たな文化や価値観だけではなく、摩擦や衝突、そしてしばしば憎悪までをも生み出しています。グローバル化にともなう副作用は、その恩恵を遥かにこえていると言わざるを得ません。

今私たちに求められているのは、国内、国外にかかわらず、異なる歴史や経験、文化を持つ「他者」と向き合い、よりよい関係を結び直してゆくための想像力、構想力ではないでしょうか。

新世紀の到来を目前にした二〇〇〇年一月に創刊された岩波現代文庫は、この二〇年を通して、哲学や歴史、経済、自然科学から、小説やエッセイ、ルポルタージュにいたるまで幅広いジャンルの書目を刊行してきました。一〇〇〇点を超える書目には、人類が直面してきた様々な課題と、試行錯誤の営みが刻まれています。読書を通した過去の「他者」との出会いから得られる知識や経験は、私たちがよりよい社会を作り上げてゆくために大きな示唆を与えてくれるはずです。

一冊の本が世界を変える大きな力を持つことを信じ、岩波現代文庫はこれからもさらなるラインナップの充実をめざしてゆきます。

（二〇二〇年一月）

B255
石井桃子コレクションⅣ
児童文学の旅
石井桃子

欧米のすぐれた編集者や図書館員との出会いと再会、愛する自然や作家を訪ねる旅など、著者が大きな影響をうけた外国旅行の記録。〈解説〉松居 直

B256
石井桃子コレクションⅤ
エッセイ集
石井桃子

生前刊行された唯一のエッセイ集を大幅に増補、未発表の二篇も収める。人柄と思索のにじむ文章で生涯の歩みをたどる充実の一冊。〈解説〉山田 馨

B257
三毛猫ホームズの遠眼鏡
赤川次郎

想像力の欠如という傲慢な現代の病理――。「まともな日本を取り戻す」ためにできることとは？『図書』連載のエッセイを一括収録！

B258
僕は、そして僕たちはどう生きるか
梨木香歩

集団が個を押し流そうとするとき、僕は、自分を保つことができるか――作家梨木香歩が、少年の精神的成長に託して現代に問う。〈解説〉澤地久枝

B259
現代語訳 方丈記
佐藤春夫

世の無常を考察した中世の随筆文学の代表作。日本人の情感を見事に描く。佐藤春夫の訳で味わう。長明に関する小説、評論三篇を併せて収載。〈解説〉久保田淳

B260

ファンタジーと言葉

アーシュラ・K・ル＝グウィン
青木由紀子訳

〈ゲド戦記〉シリーズでファン層を大きく広げたル＝グウィンのエッセイ集。ウィットに富んだ文章でファンタジーを紡ぐ言葉について語る。

B261-262

現代語訳 平家物語(上・下)

尾崎士郎訳

平家一族の全盛から、滅亡に至るまでを描いた軍記物語の代表作。日本人に愛読されてきた国民的叙事詩を、文豪尾崎士郎の名訳で味わう。〈解説〉板坂耀子

B263-264

風にそよぐ葦(上・下)

石川達三

「君のような雑誌社は片っぱしからぶっ潰すぞ」——。新評論社社長・葦沢悠平とその家族の苦難を描き、戦中から戦後の言論の裏面史を暴いた社会小説の大作。〈解説〉井出孫六

B265

坂東三津五郎 歌舞伎の愉しみ

坂東三津五郎
長谷部浩編

世話物・時代物の観かた、踊りの魅力など、俳優の視点から歌舞伎鑑賞の「ツボ」を伝授。知的で洗練された語り口で芸の真髄を解明。

B266

坂東三津五郎 踊りの愉しみ

坂東三津五郎
長谷部浩編

踊りをもっと深く味わっていただきたい——そんな思いを込め、坂東三津五郎が踊りの全てをたっぷり語ります。格好の鑑賞の手引き。

2020.3

B267
世代を超えて語り継ぎたい戦争文学
澤地久枝
佐高　信

『人間の条件』や『俘虜記』など、戦争と向き合い、その苦しみの中から生み出された作品たち。今こそ伝えたい「戦争文学案内」。

B268
だれでもない庭
―エンデが遺した物語集―
ミヒャエル・エンデ
ロマン・ホッケ編
田村都志夫訳

『モモ』から『はてしない物語』への橋渡しとなる表題作のほか、短編小説、詩、戯曲、手紙など魅力溢れる多彩な作品群を収録。自筆の挿絵多数。

B269
現代語訳 好色一代男
吉井　勇

愛欲の追求に生きた男、世之介の一代を描いた西鶴の代表作。国民に愛読されてきた近世文学の大古典を、文豪の現代語訳で味わう。〈解説〉持田叙子

B270
読む力・聴く力
河合隼雄
立花　隆
谷川俊太郎

「読むこと」「聴くこと」は、人間の生き方にどのように関わっているのか。臨床心理・ノンフィクション・詩それぞれの分野の第一人者が問い直す。

B271
時　間
堀田善衞

人倫の崩壊した時間のなかで人は何ができるのか。南京事件を中国人知識人の視点から手記のかたちで語る、戦後文学の金字塔。〈解説〉辺見　庸

2020. 3

B272
芥川龍之介の世界
中村真一郎

芥川文学を論じた数多くの研究書の中で、中村真一郎の評論は、傑出した成果であり、最良の入門書である。〈解説〉石割　透

B273-274
法服の王国
小説裁判官（上・下）
黒木　亮

これまで金融機関や商社での勤務経験を生かしてベストセラー経済小説を発表してきた著者が新たに挑んだ社会派巨編・司法内幕小説。〈解説〉梶村太市

B275
惜《せき》櫟《れき》荘《そう》だより
佐伯泰英

近代数寄屋の名建築、熱海・惜櫟荘が、新しい「番人」の手で見事に蘇るまでの解体・修復過程を綴る、著者初の随筆。文庫版新稿「芳名録余滴」を収載。

B276
チェロと宮沢賢治
―ゴーシュ余聞―
横田庄一郎

「セロ弾きのゴーシュ」は、音楽好きであった賢治の代表作。楽器チェロと賢治の関わりを探ることで、賢治文学の新たな魅力に迫る。〈解説〉福島義雄

B277
心に緑の種をまく
―絵本のたのしみ―
渡辺茂男

児童書の翻訳や創作で知られる著者が、自らの子育て体験とともに読者に語りかけるように綴った、子どもと読みたい不朽の名作絵本45冊の魅力。図版多数。〈付記〉渡辺鉄太

2020.3

岩波現代文庫［文芸］

B278
ラニーニャ
伊藤比呂美

あたしは離婚して子連れで日本の家を出た。心は二つ、身は一つ…。活躍し続ける詩人の傑作小説集。単行本未収録の幻の中編も収録。

B279
漱石を読みなおす
小森陽一

戦争の続く時代にあって、人間の「個性」にこだわった漱石。その生涯と諸作品を現代の視点からたどりなおし、新たな読み方を切り開く。

B280
石原吉郎セレクション
柴崎聰編

石原吉郎は、シベリアでの極限下の体験を硬質にして静謐な言葉で語り続けた。テーマ別に随想を精選、詩人の核心に迫る散文集。

B281
われらが背きし者
ジョン・ル・カレ
上岡伸雄
上杉隼人訳

恋人たちの一度きりの豪奢なバカンスがマフィアの取引の場に！　政治と金、愛と信頼を賭けた壮大なフェア・プレイを、サスペンス小説の巨匠ル・カレが描く。〈解説〉池上冬樹

B282
児童文学論
リリアン・H・スミス
石井桃子
瀬田貞二
渡辺茂男訳

子どものためによい本を選び出す基準とは何か。児童文学研究のバイブルといわれる名著が、いま文庫版で甦る。〈解説〉斎藤惇夫

岩波現代文庫［文芸］

B283
漱石全集物語
矢口進也

なぜこのように多種多様な全集が刊行されたのか。漱石独特の言葉遣いの校訂、出版権をめぐる争いなど、一〇〇年の出版史を語る。〈解説〉柴野京子

B284
美は乱調にあり ―伊藤野枝と大杉栄―
瀬戸内寂聴

伊藤野枝を世に知らしめた伝記小説の傑作が、文庫版で蘇る。辻潤、平塚らいてう、そして大杉栄との出会い。恋に燃え、闘った、新しい女の人生。

B285-286
諧調は偽りなり（上・下） ―伊藤野枝と大杉栄―
瀬戸内寂聴

アナーキスト大杉栄と伊藤野枝。二人の生と闘いの軌跡を、彼らをめぐる人々のその後とともに描く、大型評伝小説。下巻に栗原康氏との解説対談を収録。

B287-289
口訳万葉集（上・中・下）
折口信夫

生誕一三〇年を迎える文豪による『万葉集』の口述での現代語訳。全編に若さと才気が溢れている。〈解説〉持田叙子（上）、安藤礼二（中）、夏石番矢（下）

B290
花のようなひと
佐藤正午
牛尾篤画

日々の暮らしの中で揺れ動く一瞬の心象風景を〝恋愛小説の名手〟が鮮やかに描き出す。秀作「幼なじみ」を併録。〈解説〉桂川潤

岩波現代文庫［文芸］

B291
中国文学の愉しき世界
井波律子

烈々たる気概に満ちた奇人・達人の群像、壮大にして華麗な中国的物語幻想の世界！ 中国文学の魅力をわかりやすく解き明かす第一人者のエッセイ集。

B292
英語のセンスを磨く
—英文快読への誘い—
行方昭夫

「なんとなく意味はわかる」では読めたことにはなりません。選りすぐりの課題文の楽しく懇切な解読を通じて、本物の英語のセンスを磨く本。

B293
夜長姫と耳男
近藤ようこ漫画
坂口安吾原作

長者の一粒種として慈しまれる夜長姫。美しく、無邪気な夜長姫の笑顔に魅入られた耳男は、次第に残酷な運命に巻き込まれていく。
〔カラー6頁〕

B294
桜の森の満開の下
近藤ようこ漫画
坂口安吾原作

鈴鹿の山の山賊が出会った美しい女。山賊は女の望むままに殺戮を繰り返す。虚しさの果てに、満開の桜の下で山賊が見たものとは。
〔カラー6頁〕

B295
中国名言集 一日一言
井波律子

悠久の歴史の中に煌めく三六六の名言を精選し、一年各日に配して味わい深い解説を添える。毎日一頁ずつ楽しめる、日々の暮らしを彩る一冊。

2020. 3

B296
三国志名言集
井波律子

波瀾万丈の物語を彩る名言・名句・名場面の数々。調子の高さ、響きの楽しさに、思わず声に出して読みたくなる！ 情景を彷彿させる挿絵も多数。

B297
中国名詩集
井波律子

前漢の高祖劉邦から毛沢東まで、選び抜かれた珠玉の名詩百三十七首。人が生きることの哀歓を深く響かせ、胸をうつ。

B298
海うそ
梨木香歩

決定的な何かが過ぎ去ったあとの、沈黙する光景の中にいたい——。いくつもの喪失を越えて、秋野が辿り着いた真実とは。〈解説〉山内志朗

B299
無冠の父
阿久悠

舞台は戦中戦後の淡路島。「生涯巡査」の父をモデルに著者が遺した珠玉の物語が文庫に。父親とは、家族とは？ 〈解説〉長嶋有

B300
実践 英語のセンスを磨く
—難解な作品を読破する—
行方昭夫

難解で知られるジェイムズの短篇を丸ごと解説し、読みこなすのを助けます。最後まで読めば、今後はどんな英文でも自信を持って臨めるはず。

2020.3

B301-302
またの名をグレイス（上・下）
マーガレット・アトウッド
佐藤アヤ子訳

十九世紀カナダで実際に起きた殺人事件を素材に、巧みな心理描写を織りこみながら人間存在の根源を問いかける。ノーベル文学賞候補とも言われるアトウッドの傑作。

B303
塩を食う女たち
聞書・北米の黒人女性
藤本和子

アフリカから連れてこられた黒人女性たちは、いかにして狂気に満ちたアメリカ社会を生きのびたのか。著者が美しい日本語で紡ぐ女たちの歴史的体験。〈解説〉池澤夏樹

B304
余白の春
—金子文子—
瀬戸内寂聴

無籍者、虐待、貧困——過酷な境遇にあって自らの生を全力で生きた金子文子。獄中で自殺するまでの二十三年の生涯を、実地の取材と資料を織り交ぜ描く、不朽の伝記小説。

B305
この人から受け継ぐもの
井上ひさし

著者が深く関心を寄せた吉野作造、宮沢賢治、丸山眞男、チェーホフをめぐる講演・評論を収録。真摯な胸の内が明らかに。〈解説〉柳　広司

B306
自選短編集　パリの君へ
高橋三千綱

売れない作家の子として生を受けた芥川賞作家が、デビューから最近の作品まで単行本未収録の作品も含め、自身でセレクト。岩波現代文庫オリジナル版。〈解説〉唯川　恵

2020. 3

B307-308
赤い月（上・下）
なかにし礼

終戦前後、満洲で繰り広げられた一家離散の悲劇と、国境を越えたロマンス。映画・テレビドラマ・舞台上演などがなされた著者の代表作。〈解説〉保阪正康

B309
アニメーション、折りにふれて
高畑勲

自らの仕事や、影響を受けた人々や作品、苦楽を共にした仲間について縦横に綴った生前最後のエッセイ集、待望の文庫化。〈解説〉片渕須直

B310
花の妹　岸田俊子伝
―女性民権運動の先駆者―
西川祐子

京都での娘時代、自由民権運動との出会い、政治家・中島信行との結婚など、波瀾万丈の生涯を描く評伝小説。文庫化にあたり詳細な注を付した。〈解説〉和崎光太郎・田中智子

B311
大審問官スターリン
亀山郁夫

自由な芸術を検閲によって弾圧し、政敵を粛清した大審問官スターリン。大テロルの裏面と独裁者の内面に文学的想像力でせまる。文庫版には人物紹介、人名索引を付す。

B312
声の力
―歌・語り・子ども―
河合隼雄
阪田寛夫
谷川俊太郎
池田直樹

童謡、詩や絵本の読み聞かせなど、人間の肉声の持つ力とは？　各分野の第一人者が「声」の魅力と可能性について縦横無尽に論じる。

岩波現代文庫[文芸]

B313
惜櫟荘の四季
佐伯泰英

惜櫟荘の番人となって十余年。修復なった後も手入れに追われ、時代小説を書き続ける毎日が続く。著者の旅先の写真も多数収録。

B314
黒雲の下で卵をあたためる
小池昌代

誰もが見ていて、見えている日常から、覆いがはがされ、詩が詩人に訪れる瞬間。詩人は詩をどのように読み、文字を観て、何を感じるのか。〈解説〉片岡義男

B315
夢十夜
近藤ようこ漫画
夏目漱石原作

こんな夢を見た——。怪しく美しい漱石の夢の世界を、名手近藤ようこが漫画化。描き下ろしの「第十一夜」を新たに収録。

B316
村に火をつけ、白痴になれ
伊藤野枝伝
栗原康

結婚制度や社会道徳と対決し、貧乏に徹しわがままに生きた一〇〇年前のアナキスト、伊藤野枝。その生涯を体当たりで描き話題を呼んだ爆裂評伝。〈解説〉ブレイディみかこ

B317
僕が批評家になったわけ
加藤典洋

批評のことばはどこに生きているのか。その営みが私たちの生にもつ意味と可能性を、世界と切り結ぶ思考の原風景から明らかにする。〈解説〉高橋源一郎

2020.3

岩波現代文庫[文芸]

B318
振仮名の歴史
今野真二
「振仮名の歴史」って？ 平安時代から現代まで続く「振仮名の歴史」を辿りながら、日本語表現の面白さを追体験してみましょう。

B319
上方落語ノート 第一集
桂米朝
上方落語をはじめ芸能・文化に関する論考・考証集の第一集。「花柳芳兵衛聞き書」「ネタ裏おもて」「考証断片」など。
〈解説〉山田庄一

2020. 3